名家名传书系

李煜传

刘小川 著

长江出版传媒　长江文艺出版社

图书在版编目（ＣＩＰ）数据

李煜传 / 刘小川著. -- 武汉：长江文艺出版社，
2022.1
　（名家名传书系）
　ISBN 978-7-5702-2168-4

　Ⅰ. ①李… Ⅱ. ①刘… Ⅲ. ①李煜（937-978）－传
记 Ⅳ. ①K827=432

　中国版本图书馆 CIP 数据核字(2021)第 105540 号

李煜传
Li Yu Zhuan

责任编辑：张远林　　　　　　　　　责任校对：毛　娟
封面设计：周佳　　　　　　　　　　责任印制：邱　莉　杨　帆

出版：长江出版传媒｜长江文艺出版社
地址：武汉市雄楚大街 268 号　　　　邮编：430070
发行：长江文艺出版社
http://www.cjlap.com
印刷：武汉中科兴业印务有限公司

开本：640 毫米×970 毫米　　　1/16　　印张：15.75　　　插页：1 页
版次：2022 年 1 月第 1 版　　　　2022 年 1 月第 1 次印刷
字数：166 千字

定价：38.00 元

目　录
CONTENTS

第一章　避祸少年悟禅境

南唐太子李弘翼一心想杀弟弟李煜。

为什么哥哥要杀弟弟呢？因为在李弘翼看来，这个六弟实在是生得太好了，广额，丰颊，高鼻，重瞳，骈齿，天生一副帝王相，不仅父皇李璟常夸，朝廷百官、民间术士也流传着李煜将来要做南唐皇帝的说法。而李弘翼的长相，旁人是不敢轻易恭维的。他和李煜同父异母，他抱怨已故母亲的容貌远不如本朝的钟皇后，而李煜却是母仪天下的钟皇后所生。另外，李弘翼曾随父征战，脸上、脖子上有箭伤和枪伤留下的疤痕，他微笑就像狞笑，狞笑时几乎是魔鬼。居太子宫真是寝食不安：今日储君的位置，保不得他日后做君王。

于是对李煜动了杀机。骨肉要相残。

李弘翼也曾犹豫，杀弟弟下不了手。他大李煜好几岁，未做太子时，喜欢逗小李煜玩儿，教李煜用"袖箭"射鸟，带李煜到金陵城外的长江边上钓鲟鱼。大江之上，一叶扁舟，钓上钩的鲟鱼活蹦乱跳，李煜兴奋得手舞足蹈，大声呼叫哥哥的名字，白皙的面孔反射金色的阳光……然而李煜玩袖箭并不射鸟。袖箭是专为小孩子学习箭法而制造的一种小型弓箭。李煜九岁，玩袖箭很上手了，十步之外箭穿钱孔。他弯弓却从不射杀树上的小鸟。李弘翼强命他射，他就射偏，让鸟飞走。做哥哥的示范给他看，一箭洞穿画眉鸟或白头翁多肉的胸脯，命他去草丛中捡回来。他把死去的鸟儿捧在手中，感觉它即将变冷的温热的肉身、绒毛，眼泪在眼眶中打转。性情暴躁的哥哥骂他，他一般不回嘴的。有一次，李弘翼一箭二鸟，射下两只灵动多彩的"红嘴绿观（冠）音"，李煜最爱这种鸟了，终于忍不住，涨红了脖子大叫：

文善禅师教诲不可杀生！

文善禅师是为南唐皇室主持重大佛事的高僧，父皇母后的朋友。李煜咿呀学语时，就对文善禅师高大的身材、红脸膛锦袈裟留有很深的印象……

李弘翼入主东宫的第二年人就变了，在一群幕僚的日夕怂恿下，铁了心肠，百计杀李煜，杀他的叔叔景遂。

景遂是南唐手握重兵的人物，深得皇帝李璟的信任，他是弘翼的另一块心病。而李煜有奇表，那一对重瞳，令人联想治水的大禹、西楚霸王项羽。李煜字重光，说明父皇很重视这对历代王室罕见的重瞳。李煜长到十三岁，渐渐的面如冠玉，双眸清澈，身子修长而挺拔。连太子宫中的嫔娥也悄悄议论他阳光灿烂的面容与举止。

东宫幕僚说：李煜头上有一团王气！李煜不倒，王气难消！

弘翼犯难说：莫非叔叔、弟弟一并要杀？只杀一个不行吗？可是杀谁呢？

南唐东宫的位置，其实是景遂让给弘翼的。叔叔于他有恩。而李煜是他逗玩多年的可爱的小弟弟。挥刀砍向亲骨肉，弘翼的决心也委实难下。

幕僚说：皇上近来召见李煜是家常便饭了，皇上对李煜的赏赐多于殿下！这说明什么？殿下要三思！王气初现尚可消除，时日一长，李煜头上的王气增而为瑞云，刀火攻不进！

金陵人历来重视王气之说。李弘翼性格又多疑，他脸色铁青，一拍几案，咬牙说道：尔等从速谋划，给我灭了这团王气！

这是公元 950 年的秋天，李煜刚过了十三岁的生日。

金陵的初秋天朗气清，穿城而过的秦淮河，绵延横亘的钟山，滔滔不息的长江，城外百余里的江防要地采石矶……李煜登百尺楼极目远眺。这座楼是父皇登基时建造的，和澄心堂、瑶光殿呈大三角布局。它有七重飞檐，高达三十多米。雕梁画栋，堆金砌玉，极尽江淮能工巧匠的看家本事，一度号称天下第一楼。

这是午后，太子哥哥弘翼传令，要李煜上百尺楼，"观大唐版图"，给他上一堂国情课。李煜带了父皇赐予的内侍庆福赶到百尺楼，上楼却不见弘翼哥哥。有东宫侍从告诉他，殿下叫他稍候。

少年凭栏不知愁。望大江浑阔，听江涛拍岸。

百尺楼的顶层四周皆有雕栏，李煜转着圈儿望了多时，不见楼下哥哥的车驾。做弟弟的更不相疑，学着唐诗意境拍栏杆，一身华丽的锦袍迎着呼呼而来的秋风。

栏杆不高，李煜探头看了看楼下的风景。这么高的地方，他还是第一次来。

这时，有个高瘦侍从蹭到李煜身旁了，说是护着六王子，背靠三尺栏杆和李煜说闲话。趁李煜不备，这侍从忽然往后仰，半截身子悬了空，叫声不好，伸出长臂要李煜拉他。李煜急忙上前抓他袖袍时，对方却一把攥了他的手，长臂猛一发力，仿佛要将他抛出楼去。李煜一个趔趄，扑到栏杆上。

栏杆结实，李煜的脚又钩住了一根柱子，虽然大半个身子已在楼外，却好歹稳住了身形。那长臂侍从还紧紧攥着他的一只手，刹那间表情奇怪。

内侍庆福闻声奔来，脸都吓白了。

李煜笑了笑，整理他的锦袍。

这是一个意外的事件。他还安慰那个似乎吓坏了的东宫侍从，拍拍侍从哆嗦的瘦肩膀。

他说：幸亏太子哥哥平日里教我骑射。我的身子够敏捷呢，一伸脚钩住了栏杆柱子。

他对庆福表演了刚才的危险动作。

二十多岁的庆福并不喝彩。他不离李煜左右，斜睨那瘦侍从。庆福身高七尺，壮如牛，敏如兔。

楼下响起一阵马蹄声，一身戎装的太子李弘翼飞马而来。

有内侍向他报告刚才发生的事，他勃然大怒，拔剑要砍那瘦高侍从。李煜赶忙上前拉住哥哥的手。

李煜说：事发突然，他呼我救他，亦在情理之中。

李弘翼指着缩了脖子的瘦侍从骂道：你一万条命也抵不上我弟弟的一根头发！

他一个大巴掌扇过去，瘦侍从顷刻"胖"了半边脸，退一边去了。

太子转而安抚弟弟，夸弟弟临危不乱，身手敏捷。

李煜说：多亏哥哥带我到澄心堂的练武场，教我骑马射箭。

太子沉吟道：改日再去练武场，哥哥教你几个骑射绝招。

李煜喜得作揖。弘翼皱皱眉头，用他漂亮的马鞭指着大江之北，给李煜上起了国情课。他是眼下的太子和将来的君王，他有责任让包括李煜在内的几个弟弟知晓天下大事。

李煜凝神倾听，目光随着哥哥的马鞭所指，向北向南复向西……弘翼指着采石矶方向说：我击败过后周柴荣的三万水军！

江淮之北的周世宗柴荣，是南唐国最大的威胁。

五代十国后期，南唐"三千里地山河"，版图含今之江苏、江西、安徽、湖南等，辽阔而富庶。李煜的祖父李昪，庙号"南唐烈祖"，本来姓徐，曾经辅佐杨吴国主杨行密，长期以禁军首领的身份坐镇金陵。后来他势力大了，废杨吴，自立南唐国，易姓李，亮出大唐王室后裔的旗帜。南唐烈祖登基后，罢兵戈促农商，以一系列休养生息的举措，在短短的几年间，让数百万南唐百姓受惠。

七年前（公元943年）烈祖崩，李璟继位。而北方的强国后周，隔淮水虎视南唐已久……

李弘翼不愧是储君，三言两语讲清大势。他的白金盔甲闪闪发亮，他的马鞭子透出一股英雄气。李煜崇敬地望着哥哥的面孔，感到哥哥左眼下的那一条伤痕写满了沙场光荣。

日头偏西时，兄弟二人携手下高楼。弘翼说，他还要去澄心堂陪父皇视察军威；一面翻身上马，鞭子一挥腿一夹，棕色骏马绝尘而去。

少年李煜痴痴地望着哥哥在马背上的身影。

回王府的路上，他对庆福说，希望明天就去练武场，向太子哥哥学本领。一向话多的庆福却嗫嚅着，仿佛有话难出口。

李煜笑道：庆福啊，我看出来了，你这人身虽壮而胆子小。先前在百尺楼上，你脸都吓白了。

庆福想了想说：百尺高楼，小心为好。王爷到练武场时，也须谨慎，弓箭可是没长眼睛！

李煜说：练武伤点皮肉，算啥呢？你没看见太子脸上的箭伤？

庆福说：奴才只怕小王爷伤了性命。

李煜拍拍庆福：有哥哥护着我呢，哥哥浑身都是本事。即使虎豹豺狼蹿出林子，也难伤我性命！

庆福不作声了。一路上寻思着什么。

澄心堂是南唐皇帝与朝廷百官议政的宫殿，方圆几十里，分宫殿群和练武场两大块。练武场错落分布于丛林之间，可容纳数万大军。大臣们每日到澄心堂光政殿早朝，却不见旌旗，不闻号角。大面积的森林遮掩着千军万马。

南唐隐蔽练兵之处，只为麻痹敌国奸细，如后周与吴越派到南唐的使者。

林子深处有野兽。皇帝或太子秋狩，有时不须去钟山、秀山。

这一天早晨，秋阳初升，李煜束腰带，绾头发，穿长靴，挎宝剑，带了庆福，挥鞭纵马，穿林过河，直奔澄心堂后东南侧的练武场。太子手下的校尉已于辕门处等候多时。

弘翼走出中军帐，却是一袭长袍，不戴盔甲。

他对疑惑的弟弟解释说，两军决战沙场，如果像他这样的主帅都需要全身披挂的话，那还不如不战而退呢。以后再有战事，他一定只穿长袍，挥扇如刃，谈笑间击败强虏！

李煜对哥哥，真是崇拜得五体投地了。

兄弟并辔入了林子，那校尉带了几名士卒跟着。庆福骑一匹灰马，一路紧随。

林子越走越深了。

弘翼操了长弓在手，叫一声：六弟随我猎狐兔！

他快马入密林，李煜挥鞭跟上。可是眨眼之间，不见了弘翼的马匹。李煜喊了几声，无人应答。后面的校尉等也没有跟上来，也许他们走了岔路。

李煜缓辔而行。林中的小路枝叶纵横，光影晦暗。少年不禁有些紧张。一只獾子忽然蹿出来，坐骑受惊，扬蹄嘶鸣。李煜正悚然，听得右侧密叶中有机关的响声，眼角捕捉到一支朝他面门射来的短箭，把头一低，短箭射中左侧的一棵老树。

李煜惊而不乱。却又有阔叶丛中拉机关的声音，几支短箭接连射他，噗、噗、噗……顷发五箭！李煜伏于马背，左躲右闪，竟然躲过了，只被一支短箭洞穿了衣袖。

他知道遭了暗算，大喊：弘翼哥哥救我！

这时，几匹快马从侧后朝他疾驰，骑灰马的庆福奔在了校尉前，李煜大喜，一面狂呼庆福，一面寻那发射箭弩的机关，却见树叶后有长袍一闪。正疑惑间，又闻强弩的破空之声，五十步外的校尉似乎弯弓射他！

庆福的灰马跑在前边，他突然将身子竖直了，以身挡住李煜。他的肩膀被强弩洞穿，人从马背上栽下来，滚入草丛。

李煜惊呆了。

校尉马至，朝李煜的侧后大吼：贼人哪里走！

他率领士卒追过去了，过一会儿策马而回，说是两个樵夫模样的蟊贼已不知去向。

庆福在草丛中呻吟。李煜扶起他。幸好未伤要害处。

校尉连称罪过，为庆福拔出箭头，敷上止血药膏；却说，庆福若不是竖起身子挡他这一箭，蟊贼定会抛下一具尸体。

李煜说：我没看见蟊贼啊！

校尉拱手道：六王爷有所不知，那蟊贼躲在树后拿弩机对准你。

李煜问庆福：你看见蟊贼了吗？

庆福摇头，瞥那校尉一眼。

校尉说：我驰过弯道时看见了，两个短衣小蟊贼。

说话间听得马蹄声响，太子李弘翼拎着一只野兔出现了，见庆福受伤，忙下马问缘故。校尉作了解释，李煜只不作声。弘翼摸摸李煜被射穿的衣袖，说：这是弩机发射的短箭。六弟无碍，庆福有功。

李煜不说话，瞅着一边。

弘翼又说：这一带林子猛，确有几个盗猎的小螯贼。不过也好，六弟权当它一次实战演练吧。等我日后捉了螯贼，交与你处置。

李煜仍不语，望了望哥哥宽大的袖口，把头垂下。

庆福"哎哟哎哟"地呻吟开了。李煜趁机别过李弘翼，主仆二人出了凶险林子。也不去澄心堂报告父皇，径回他的王府。

李煜陷入郁闷了，闭门不出，茶饭不思。

庆福奔入室对他嚷：太子要杀六王爷，须告知皇上！

李煜说：事虽蹊跷，却未必不是巧合。

庆福忍痛喊道：上次在百尺楼，那个东宫侍从是要将王爷拉出楼外摔死！

李煜摇头：那也是偶然。

庆福顿足道：六王爷宅心仁厚，以君子之心，度小人之腹！王爷可知奴才的这匹大灰马从何而来？是奴才向七王爷从善借的良驹，专为今日之用。若非灰马快，小王爷命休矣！

李煜说：你救我一命，我会禀告母后的。只是哥哥杀我，我想来想去想不出理由啊。他打小带我玩儿，抱我亲我疼我，屡伏于地，让我把他当马骑……

庆福说：可他现在是南唐太子。他嫉妒你高贵的相貌，怕你将来威胁到他的皇位！

李煜说：他为长我为幼，何谈威胁？庆福，这事就罢了，不可告知其他人。

庆福再顿足，喊道：六王爷糊涂！奴才有铁证，那支射中你的短箭是一支毒箭。

李煜急问：何以见得？

庆福跳出门去，拿了一件衣袍回来，正是李煜回府时换下的那件。他把短箭洞穿之处浸入一盆水中，又去厨房抱了一只雄鸡。雄鸡饮了盆中水，"鸡头立垂"，翅膀扑几下，死了。

李煜的眼睛直了。

庆福说：箭头上涂的毒是鸩毒，偷猎的蟊贼绝不可能用这种价钱昂贵的毒药。毒杀的野物吃不得！再说那连发短箭的弩机，乃三国诸葛亮所创，做工极细，造价极高，宫中也少见，野地里的穷蟊贼焉能拥有？这弩机也叫袖箭，可隐藏于袖中。太子素喜甲胄，炫耀武功，今日到练武场偏偏穿了长袍。小王爷啊，你的太子哥哥要取你性命！奴才豁出这条小命，也要禀报皇后娘娘！

李煜眼前发黑，双腿一软瘫坐在地毯上，背靠一根柱子。

那带着箭伤的庆福，竟一头奔钟皇后居住的瑶光殿去了。

公元 950 年的这个秋天里的日子，太阳泛出了血光。

阳光灿烂的美少年，平生头一回，领教了生命的哀愁。

他崇拜多年的亲哥哥竟然要杀他！一次谋杀未遂，又来第二次……

秋风卷来了秋雨，一夜夜敲打着雕窗。

少年凭窗一动不动，宛如一尊玉雕。

那弘翼哥哥穿长袍，只为袖中藏下弩机……

由于习惯，李煜在心里还叫他哥哥。

断绝亲情如抽丝。

抱他逗他的哥哥，为何突然向他举起屠刀？

佛说，人人皆有佛性。禅宗六祖惠能法师说，连猴猿都有佛性。可是弘翼哥哥的佛性到哪儿去了？他不如一只猴猿吗？佛性不存而代之以兽性，为什么？

李煜折断了弘翼送给他的袖箭，把悬于壁上的御赐雕弓也收起来了，他不想看见任何兵器。

他翻开一卷卷的史籍抄本，闻到字里行间浓浓的血腥气。父子交兵，兄弟恶斗，竟是历朝历代宫廷的常态！甚至后宫佳丽也相残，脂粉翻作层层血污。男人的血，女人的血，如滔滔长江流到今……李煜在书页的空白处，一笔一画写下他的读史心得。说不定将来的某一天，他会被人暗箭射死，乱刀砍死，鸩毒毒死。

生命是如此美好，为何有人铸造屠刀？

十三岁的南唐少年李煜，顽固地追问着。

问得痛苦，心在滴血。两次险遭暗杀的细节一次次前来照面。他宁愿忘却。可是怎能忘却啊！向来亲爱的哥哥，处心积虑要害他性命。

庆福说，弘翼还在南昌策划了一起谋害景遂叔叔的事件，所幸叔叔警觉，方躲过一劫。太子多年罗织党羽，朝中势力盘根错节。景遂身为皇弟，又手握朝廷禁军，还是奈何弘翼不得。

庆福跟随李煜两年了，从未对这位单纯明亮的少年主子讲过阴暗的故事。现在他迫于凶险形势，不得不讲。

李煜听庆福讲阴暗故事，清亮的眼睛立刻黯淡下来。

甚至庆福刚一张嘴，他就把头低了。

犹如晴朗的天空，转眼便是阴云密布。

他不想听，不敢听，一听便哆嗦。

善良而多思的美少年，心里揣着多少美好的愿望啊。然而一夜之间，邪恶登台亮相，美好事物有了对立面……

李煜近乎本能地循环追问着，问了史籍问佛祖。府中寺庙有如来佛的丈八金身，寝宫墙上有空王的巨幅画像，他每日早晚焚香叩拜。跪在蒲团之上，双手合十，默默地念叨。瘦削的双肩神经质地抽动。

如此频繁拜佛祖，发疑问，祈祷许愿，长达七个月之久。

雷鸣电闪的夏夜，晚祷时辰一到，李煜戴个斗笠出门了，朝寺庙走去。仲夏持续暴雨，雷电劈开百年老树，李煜仍去叩拜，虔诚礼佛，左右拦他不住。木屐踏着石板路上的雨珠，吧嗒吧嗒，步子缓慢而有力。

公元951年夏，李煜将满十四岁了，清瘦的脸上有了一种沉静的气质。

李煜的母亲钟皇后，看了这沉静之色只是心酸。孩儿年幼，不该有这种表情的。她多次暗示太子李弘翼，不要妄动杀机；又提醒皇上，他的爱子李煜有性命之忧。李璟召弘翼到宗庙质问，弘翼抵赖，还宣称对六弟重光十分疼爱。李璟拿不到弘翼害李煜的确凿证据，只好不了了之。

而"弩机事件"之后，李煜不顾庆福等人的阻拦，几番外出，赌气似的，走到东宫外徘徊，专等弘翼来杀他，取他十四岁的性命。宫门外的持戟士卒好奇地打量他。门吏进宫报告太子。李煜徘徊良久，"立尽斜阳"。

弘翼无动静。也许钟皇后遏止了他谋杀弟弟的念头。

这一年的夏末，李煜的紧张与激愤缓解下来。仍是每日拜空王，却比较随意了。他回到生活的常态，读书写字，画画弹琴，园子里散步，欣赏鲜花、鱼虫、飞鸟。他目注飞禽栖鸟，能达半个时辰，痴迷于禽鸟的自由与欣悦。

成长着的年轻的心，将美、善包裹于其中。

他试图在心灵的某个角落悄悄地原谅太子哥哥。

佛经说：放下屠刀，立地成佛。

他"内视"哥哥那张有箭伤疤痕的脸，与哥哥对话，喃喃说了许多，大抵诉说儿时的无穷温馨。说到动情处他美目含泪，他是要感动哥哥呀。人生在世不足百年，岂能舍弃骨肉之亲？

他走路也在念叨，睡觉也要倾诉，内心独白如江水，不舍昼夜。

夜里独白之后，他会微笑着闭上眼，把笑脸带到梦境中去。他梦见英武的哥哥背着幼小的他满山转悠，摘下甜果喂他……

次年暮春，弘翼派人给李煜送来两只一大一小的红嘴绿观音。李煜惊喜莫名，提着鸟笼子去唤庆福。哥哥的善意，他心领神会了。哥哥想必是忏悔了恶行，要重续兄弟之好！

不过，老于世故的庆福认为，这事还要看。

入夏时节，又有消息说，东宫那边，黜落了一个怂恿太子谋害叔叔景遂的"狗头军师"，并将其交给廷尉论罪。

针对这件朝野都在议论的事件，连一向谨慎的钟皇后也在宫中表态：太子弘翼或已改过从善。

钟皇后的另一个亲生子就叫李从善……

李煜兴奋地对庆福说：这回你不怀疑了吧？太子哥哥下决心远离佞人，扬善抑恶！

庆福变得结巴了，说：也许吧。

李煜说：不是也许，是肯定！

五月底，李弘翼生日将至，李煜盘算着送上一份厚礼：将大画师卫贤画的牡丹图，并一对御赐的玉麒麟送到东宫去，还要庆福亲自去送。

庆福不大乐意，但还是去了东宫，受到太子"便殿召见"不说，还带回来一卷墨宝：杜甫亲笔写下的《秋兴八首》中的三首诗。李煜见墨宝重瞳生辉，又是焚香又是作揖的。杜甫的"硬瘦"书风，对李煜有极大的吸引力。他揣摩诗圣笔意，每每兴奋异常，"亦尝卷帛书之"，拿起手边的绢帛便写起来；宫里的书法曾被好事者传到宫外去，引起轰动，世谓之"撮襟书"。

眉清目秀的南唐王子，其内心朝向很固执，恰似沉郁顿挫的杜工部。

李煜对庆福说：太子哥哥其实是疼爱我的，他一时受了佞臣蒙蔽而已。人非圣贤孰无过错？魔念生，魔念消，佛光万世普照！当初舜帝不也受到家人的恶攻吗？哥哥嫂嫂陷害他，连父母都要置他于死地。舜帝却始终默默忍受，以德报怨，大德终于感化天下。我李重光当效仿之！

庆福忙道：小王爷宥太子可矣，千万别说效仿舜帝爷爷，令太子听了去，再生杀机。

李煜笑道：我在家里说说罢了。

临近太子的生日，李煜兴奋得有些紧张。自从十三岁那年确认了弘翼的两次暗杀，他受了多少内心的煎熬！现在好了，冰山已消融，哥哥还是儿时的那个哥哥……

李煜吃饭时停箸自语：兄弟不复阋墙，不复阋墙，真好啊！

庆福也受了感动，对府中的下人说：咱们的小王爷，天生一副仁爱心肠。

这一天，七王子李从善到李煜府中走动，李煜留他住下，过两日同去东宫祝太子寿。从善比李煜略小，喜欢弄枪棒读兵书。他一向和六哥亲近，不大愿意趋附太子李弘翼。

从善对李煜说：年年弘翼做寿，我应个景而已。平时我懒得去东宫，除非父皇有命。

李煜说：太子哥哥本性不坏，他心里也装着我们兄弟几个。

从善愤然道：此人心里只有龙椅！他居然加害于你！

李煜说：都过去两年了，太子已有悔意，母后也不予追究。咱们兄弟和睦相处，亦是南唐之福。

从善说：只怕六哥你一厢情愿。不说他了，这两天好好与哥哥叙交，我观摩你的书画，你点拨我的枪棒功夫。

李煜笑道：你明知我外行，倒要我来点拨。

从善说：书法与剑法有相通处。李白不是号称侠客吗？公孙大娘跳剑器浑脱舞，"草圣"张旭观之，书法大进。六哥虽是武术外行，却能触类旁通，正好点拨呢。

李煜点头道：七弟一番话，打通文武之道。

从善笑道：父皇母后的孩儿，自是天资胜人一筹。这两日还要与哥哥痛饮几回。

李煜说：巧了，我正有御赐好酒，名"鹿胎酒"，让你给碰上了。

从善问：父皇何时赐的鹿胎酒？谁送来的？

李煜说：昨天赐的呀，内侍总管袁公公亲自送来的。御封酒坛子，不会有假。素闻七弟好饮，要不这会儿先尝尝？

从善说：这鹿胎酒是御厨房新出窖的强体美酒，父皇偏心，倒先赐给六哥。我是巴不得开坛一尝，不过还是等到明天再喝吧。我派人入宫问实了，弄些佳肴配美酒，开怀畅饮。

李煜说：七弟谨慎如此。

从善叹息道：你我兄弟性命，干系非小啊。

翌日，兄弟二人，一个笔走龙蛇，一个剑吼西风，舞得尽兴，浑身乏了，方坐下饮那强健精气血的鹿胎酒。从善的随从已去宫中问踏实，美酒确系皇上所赐。开酒坛时，一股醇厚的香味儿飘出来。

庆福先尝，咂嘴说：真个好滋味，喝了做鬼也值。

李煜和弟弟对饮了两盅，白皙面孔通红。

从善拿着青铜酒盏说：哥哥不善饮，这酒器也寻常。

李煜说：父皇也赐了白金酒器，专配这鹿胎酒的。我倒忘了，取来便是。

庆福拿来了白金酒器，替两位王爷斟上酒，退到一旁。

从善端详酒壶和酒盏说：这是唐宫旧物，也许唐明皇杨贵妃用过呢。

他喜滋滋举杯就喝，李煜说：七弟且慢。既然是唐宫用过的好酒器，须以唐诗配它。

李煜起身吟诗，身子微微晃了一下，鹿胎酒洒了几滴在地上。他吟道：金樽清酒斗十千，玉盘珍馐直万钱……

李煜、从善碰杯欲饮时，庆福忽指地上大叫：盏有毒！盏有毒！

庆福袖袍一挥，先将李煜手上的酒"挥于地"。从善眼快，停杯低头去望桌下，只见洒在青石板上的鹿胎酒变了颜色，咻咻作响。少顷，石板竟开裂。

李煜顿时明白过来了，仰天叹曰：酒器调包了，定是太子所为。太子买通了宫中内侍！

从善大怒，拔剑在手，要带人马去闯东宫。李煜止住他。

李煜说：七弟，看来天佑重光。太白诗篇也救了我兄弟二人。且听我一言，不怒，不查，不告。李重光与李弘翼，从今日起恩断义绝！

李煜拿过从善的利剑，将桌上的青铜酒壶砍成两半。

庆福傻了眼：原来六王爷能使剑……

这一天兄弟俱醉。李煜的脸红如夏季的夕阳，血色垂垂欲滴。半夜酒醒时，同榻而卧的兄弟，抱头痛哭一场。

少年李重光，初识哀愁恨，却也平添了一份刚劲，日复一日闷坐黄昏，又在深深的郁闷中昂起头来。

当他的一双美目缓缓地移向笔墨书卷时，心中涌动着从未有过的、巨大的亲切感。不要血红只要墨黑。墨之黑矣，倒能染得五内鲜红……诗之手，画之笔，琴之音，向美向善亦向真。仁者坚定地走上了仁者之途。

何处悟得禅境？只在血污之中。

五代十国兵祸连年，干戈到处穿膛破肚。尸如山，血成河，漫山遍野鬼哭狼嚎。而南唐李煜细听琴音和木鱼。

生命的律动，自然的律动，连接了佛门的无边寂静……

李煜被母后送去了钟山莲峰寺，做了莲峰居士；他又自号钟隐居士，在一群和尚中间度过了两百天。佛事之余，他常常独自徘徊于林中路，望山峰，观云霞，目送大雁，思接天地之广袤。微雨不归，任凭雨丝伴随着一阵阵呼啸而来的山风扑面。

少年心事桩桩件件……

山中一日好比一年，李煜长大了。

佛门的无穷智慧，化解着人世的无限悲哀。

著名的莲峰之上，他站立成一棵树。莲峰寺中的老和尚、小沙弥，欣赏着他挺拔的身姿。不息的山风撩起他的衣裳。

母后派卫队接他下山，将他和李从善安顿在后宫瑶光殿。做母亲的，将两个亲生儿子置于她的保护之下。并让金陵大和尚文善禅师做了李煜的师傅，太子弘翼对文善禅师有所忌惮。

几层保护伞，为李煜遮挡血光之灾。

瑶光殿中的李煜自在逍遥，抚琴读书，踢球下棋。瑶光殿与澄心堂只一墙之隔，而弘翼的东宫在澄心堂的另一边。弘翼屡害李煜，惹怒皇上，只得暂且收手，寻找时机再图兄弟性命。

弘翼手下的几个幕僚，把暗杀的重心转向景遂……

李煜避祸于瑶光殿，半年不出去。

而李从善乐得追逐漂亮宫娥……

有一天，他有了意外的发现，急忙告知李煜：宫墙外有可疑的精壮汉子走动，精壮汉子的袖袍中可能藏有短刀和袖箭。

李煜说：弘翼杀我，天不助他。

从善说：哥哥不妨习武自保。佛祖慈悲广大，却也降妖伏魔。

李煜说：那是佛祖的事。我只是个佛门信徒，手中只有几卷书，一支笔。此生不愿识干戈。

从善笑道：哥哥排行老六，可以不识干戈。

从善望着李煜白皙而红润的英俊面孔，又说：哥哥这副模样，真是羡煞小弟。我要长成你这样啊，不知打动多少娇娥。

李煜苦笑：你可别长成我这模样，惹得人家对我下剧毒放冷箭。

李煜察觉了弟弟奇怪的表情，又说：从善，你才十五岁，不可对宫娥有绮念。

从善脸红了，搪塞说：我没干过坏事呀。再说哥哥是居士，我为俗人，动动绮念很寻常嘛。

李煜正色道：弘翼在东宫经常糟蹋女孩儿，这种事伤天害理，你要引以为戒！

从善翻翻眼皮说：是。

从善搬到瑶光殿居住后，受母后和六哥的约束，不敢有大动作，只于暗中招惹好看的宫女。李煜从严约束他，既是为他好，又为宫娥们的处境考虑。他知道，民间的女孩儿选入宫中，是颇费周折的。观佛经，拜空王，使他悲悯着天下苍生。而悲悯心肠落到实处，却是一个个青春妙龄的宫娥。

从善并不十分理解这位"貌好"哥哥，认为老天爷赐给李煜一副风流相。他从宫娥眼中，读出了她们对李煜的迷恋。

从善问：哥哥，你的心究竟寄放在何处呢？

李煜笑而不答。

心在文墨与禅门。至于女性的美好，宫娥的娇艳……以后再说吧。

李煜避祸于南唐后宫，对文墨很投入了。

他的书法，楷字学柳公权，行草学王羲之，兼学杜甫，笔力遒劲而飘逸，不带一丝媚气。小时候便这样，父皇李璟颇为诧异。他生得眉清目秀，写下的字却如金错刀。

李煜写大字几乎不用毛笔，"卷帛书之，皆能如意。"南唐的几个大城市，金陵、南昌、扬州、武昌都流行"撮襟书"。深闺浅阁中的女书法家特别多，她们为李煜的姿仪和才华所倾倒，虽然她们当中的大多数人未曾一睹李煜的风采。

李煜曾出现在金陵的街头，有好事者画下他的肖像，闺阁中广为流传，摹本无数。

李煜画竹石图很内行，一挥而就。

他走路富于节奏感，身姿优美，像踏着诗词韵律。身高七尺六寸，体格相当匀称。外臣内侍都不怕他，宫女们则习惯了他阳光般的笑容。

瑶光殿中有座大慈寺，寺中常有钟皇后母子的身影。

李煜两三岁时，钟皇后便带他出入大雄宝殿、观音堂。佛祖的金身，观音的慈祥，香火的光焰、气味，连同晨钟暮鼓，无数次印入他的心灵。

一年当中多有佛事，或为佛祖寿辰，或为观音华诞，或祈南唐国运，或消不测之灾。李煜耳濡目染，最喜欢在城外举行的放生仪式：他把一条条鲤鱼放归江湖，看它们迅速游走，没入深水中。他凝视茫茫江面……

他也吃鱼，但不吃鲤鱼。

他崇拜着文善大和尚。

禅宗有南北之分，文善属于南禅宗之法眼宗。他是得道高僧，门徒遍天下，又是很随和的一个老人。

文善讲佛家故事，李煜的眼睛就发亮。老禅师摩着他的头顶说：这孩子有慧根。

南禅宗善于启发人的慧根。这一年的暮春时节，文善带李煜外出垂钓，临行前焚香沐浴拜空王，皇后钟氏故意问：这垂钓与法事有关系吗？

文善回答：垂钓即法事。

于是，李煜很期待了。

可是在江边钓了一天的鱼，老禅师并无一句特殊的言语，也没有什么富于启示性的动作。老禅师冲鱼饵吐唾沫，还在三月的春风中放了一串响屁。李煜忍俊不禁时，禅师已哈哈大笑。

为这事，李煜笑了好多天。

可他揣摩"垂钓即法事"，还是想不明白。他竭力回想那一天的情形：辽阔的江面，周遭的景物，有桃花的村庄，太阳，夕照，层云，小舟，被拉出水面的鱼，哗哗的水声，老禅师高大的身影、笑呵呵的面容……

一切皆寻常，可是又暗藏神奇。

禅宗是倾向于在寻常物事中悟得神奇的。有些南禅宗和尚，甚至不打坐，不念经。"佛本是自心作，那得向文字中求"。

南禅宗讲顿悟，对慧根的要求很高。和尚们在日常生活中不作高深状，吃便吃，喝便喝，睡便睡，拉屎便拉屎，似乎没啥佛门讲究，与市井百姓无异。有高僧叫文偃的，门徒问他如何是释迦身？他回答："干屎橛。"干屎橛犹言刮屎棍。

七十多岁的文善禅师不愧是高僧，深知他自己对少年李煜的影响力，言语行事非常谨慎。垂钓即法事，有此一句足矣。李煜几番欲问又止，又大又黑的眼睛里闪烁着灵秀之光。

李煜自创一偈云：垂钓非钓，澄明见性。

他写成条幅挂在墙上。

母后钟氏见了这偈子，只微微一笑，并不加以评点。

文善禅师又给李煜讲了一个佛门故事：

一百多年前，有中原高僧名叫天然的，云游四海，一度寄居邓州惠林寺，遇饭便吃，遇茶便饮，洒脱得很。寺院的院主对天然和尚颇不以为然，却忌惮他的大名，暂且忍耐着。有一天终于忍不住，与天然大吵起来。是何缘故？原来天冷了，那天然和尚嫌僧房内无炭火，取了佛堂中供奉的木佛便烧。院主闻讯大怒，奔去阻止。木佛却已烧成黑炭。院主厉声质问：你为何烧我木佛？天然答：烧舍利子。院主说：木佛哪来的舍利子？天然道：既然没有舍利子，又为何烧不得？天然和尚"更取两尊（木佛）烧"，院主瞠目结舌。

李煜聚精会神听完了故事，问道：天然和尚烧木佛，也是行法事吗？

文善点头说：问得好。天然禅师烧毁了惠林寺的两尊木佛，烧出了两个字，无执。

李煜说：弟子受教，谨遵无执。

文善说：我再送你两个字，随心。

李煜顿首：弟子记住了。

文善说：你素有慧性，这四个字大约听得进去。你贵为南唐王子，天资好，兰心蕙质，又生得漂亮，感悟周遭物事远胜于常人。唉，尘世多美好，只是你那执迷不悟的太子哥哥屡起歹毒之念。南唐也受到北方强敌的威胁……

文善向北望，目光含着忧郁。

大师忧郁时，李煜也不禁忧郁了。

李煜十七岁这一年，文善禅师于清凉山报恩禅院圆寂。南唐中主李璟追谥：大法眼禅师。

而大师的音容笑貌，从此后越发盘桓于李煜的心中。

李煜在宫中的举止是比较奇特的，比如他会对一朵鲜花微笑，会凝视地上慢慢蠕动的蚯蚓，会目送蓝天上高翔的南飞雁。

宫女们莺啼燕语，他手拿黄卷与她们擦身而过。情窦初开的少女忍不住扭头瞧他呢，若恰好碰上了他的目光，少女脸一红，李煜浅浅一笑。

宫女议论说：六王子的笑容是从内心深处发出来的，犹如一树盛开的鲜花。

小桥边，大树下，春意融融的秋千旁，李煜清瘦而挺拔的身影牢牢吸引着宫女。面白唇红美少年，真是没得挑呢，却又举止沉静，目光平和，待人接物礼数周全。少女们暗暗崇拜着。而李煜又崇拜谁呢？这是所有的宫中女孩儿都想知道的。他崇拜自己的仁惠而端庄的母后吗？

少女们柔柔的视线环绕着李煜，而李煜常把视线从她们身上挪开，挪向悠远。

宫女议论说：六王子的眼睛在云端……

这使她们有些惆怅。

夏日里，有女孩儿看见李煜用枯枝在沙地上写画。他画下一个穿锦袈裟的、身材魁梧的老和尚，端详许久，点点头，又写下七个字：大法眼文善禅师。他一直蹲着，写大师的名字时跪下了，一笔一画很是恭敬，未曾留意忽明忽暗的天光、倾盆而来的暴雨。暴雨抹去了沙地上的字画，扑打着迎风站起的李煜。李煜站起身，向天合掌，口占一偈：雨从天上来，师归云端去。

女孩儿替他遮雨时，他推开她的手，连称：不劳，不劳。

他竟然淋着瓢泼大雨走了。

宫女议论说：原来六王子心在禅门！

她们的惆怅流露在脸上。

文善禅师圆寂一周年的忌日，太子弘翼趁皇帝和皇后巡视南昌，利用他监国的权力，在清凉山用兵，将报恩禅院团团围住，要捉拿专程去清凉山祭文善的李煜。和尚们将李煜藏于柴房，一面密报七王子从善。从善带卒入山，以突袭的方式，于夜间控制了一条山中小道，才把李煜救回瑶光殿，让宫廷卫队严防太子的兵马。

皇后钟氏回金陵，怒不可遏。弘翼却对皇帝辩解说，他发兵围困清凉山报恩寺只为捕捉吴越国的奸细，根本不知道六弟重光在寺中。这事又不了了之。

李煜给弘翼写长信，表明他丝毫无意于东宫。

弘翼不理他，不给他只言片语的回复。

李煜避祸于禅，可禅心也是无可奈何之心。

公元 955 年，十八岁的李煜被封为郑王，仍居瑶光殿。

李煜待在宫中，又是几个月不能出宫墙，甚觉郁闷。

八月的一天，他对弟弟从善说：莺飞草长鱼肥，我明天到江边钓鱼去。

从善想了想说：哥哥尽管去，早出晚归，神出鬼没。

李煜笑道：我们在明处也在暗处嘛。

从善说：哥哥放心垂钓，小弟自有主张。

第二章　江边邂逅

次日李煜潜出宫门，到江边垂钓，他脱下锦袍，穿上宫外买来的布袍。内侍庆福说，这样的穿戴能混淆市人眼目。他的坐骑也显得普通，是庆福骑过的那匹灰马。不带一名随从。

李煜直奔当年文善禅师带他去的地方，那儿江面宽阔，江边因荇藻交错而水流缓慢，抛出鱼线，守着清风，异常的舒服。身后半里地有个村庄，渴了，不妨去讨杯茶饮，买口酒喝。

他带的东西可不少，渔具、蓑笠、酒葫芦、一支箫，一卷《唐人乐府》。他大致察看过，没有宫中物什的印记。球状鱼饵是他自己调制的，用了面粉、香料。

鱼饵沉入水下时，太阳升起来了。"日出江花红胜火……"

李煜望着水草间金黄色的浮标。水中云在动，浮标一动不动，心也不动。红太阳照着他白皙细腻的面孔。

浮标动时心亦动。李煜轻轻一拉，手上有点沉，于是欣然发力，鱼竿弯曲、弹直，一条巴掌宽的鲈鱼被拉出了水面。鱼在空中蹦跳，直欲跃回江心，鱼鳞反射着阳光。

李煜自语：一尾清蒸鲈鱼。

他把鱼放进鱼篓，半旧的鱼篓也是庆福从市井买来的。

他钓起来一条一斤多重的鲤鱼，鱼竿弯曲得很厉害。手感真舒服，鱼的剧烈晃动宛如心儿颤动。垂钓者陶醉于这个刹那。这是民间常有的乐趣。宫中池塘垂钓，哪有这丰富的、天宽地阔的感觉？鲤鱼是要放生的，还是多钓鲈鱼好，让从善也尝尝清蒸鲈鱼的味道。

太阳攀上了头顶，空中几朵大白云。停云。云之飘矣，云亦停。白云易停，黑云易散。来点儿雨也不错，"斜风细雨不须归"。张志和，一百多年前的那位身在仕途的"烟波钓徒"。

李煜又钓了几条鲈鱼，一条鲶鱼。

他想：老禅师是个钓鱼的大行家吧？这一湾静静的江水，鲈鱼多钓徒少。

日色向午，金黄色浮标动静少了。几个戴草帽的农夫模样的精壮汉子在远处徘徊。李煜想：他们是谁呢？

农夫身后是村庄，炊烟已升起。

江心依然是波翻浪涌，江边的荇草直立于水中，随波摇曳，婀娜多姿。

浮标分明未动，李煜却"无端"迎来了一点心跳。

绮思来得突兀。

色之既起，熠熠生辉。天地为之一变。

李煜心思细，自然而然地寻思这些，惜乎圣贤书中罕见这类思绪、情状的命名。词语难以抵达人性之幽深。

"色"的紧要关口，"空"来照面了。这里有母后的良苦用心吗？

对众多的皇子来说，女色得来太容易：宫闱中到处是她们火热的情怀与青春躯体，一点就着。

李煜也曾小试锋芒，母后及时发现了，让文善禅师带他到庐山去读书，与和尚做伴数月。他从庐山回金陵，已染得一身山林气。视线投向久违的少女们，不知是少女变了呢，还是他自己变了。他欣赏而已，并无折花之念。后来他又避祸去了钟山莲峰寺……

这两三年，他出落得神清气爽。看鲜花是鲜花，望佛陀是佛陀。他在色与空的连接点上找到了自己的位置。

写字画画的时候，指间腕底似乎也有"色"的流动，抚琴更不用说了，观灯赏月皆情事……

泛色。

色的地盘和空的领域一样大吗？

十八岁的李重光，生命是如此饱满，不管走到哪儿，随身携带着很多问题。包括命运的极端形态：哥哥弘翼三番五次想要弄死他。

温柔富贵乡的男孩儿，也在烈火中锤炼着。

午后，李煜坐到一块石头上。他灌了几口酒，将酒葫芦放在脚边。他望着波光闪烁的江面。

野地垂钓妙不可言啊。心里天宽地阔的，吃酒抓肉的感觉爽极了。

禅境真好，慧眼一开天地宽，诸般美妙呈现。而对一个佛门的俗家弟子来说，尚有各种世俗的乐趣。美食，美服，美器，美色……

无执乃随心，随心即自由。

人人都有佛性。弘翼的佛性却在哪儿呢？还有江北的那些长年跃马挥戈的征服者嗜血者，他们的佛性又在哪儿？

菩提即烦恼，李煜亦忧郁。玉是生辉之玉，也是烦恼之玉。

老禅师仿佛在云中看他，怜爱他。那一年的桃花时节，一老一少扁舟垂钓的情景历历在目。

手执鱼竿的年轻人站起身来，口占一首《渔父》：

浪花有意千重雪，桃李无言一队春。一壶酒，一竿身，世上如侬有几人？

李煜兴起，正凝神寻思第二首，身后十步之遥却响起了一个女子的声音：好词，好词，晚唐张志和的《渔父》让你翻出了新意。

李煜惊回首，看见一个十八九岁的女子笑盈盈立于阳光下。不远处的官道上停着她的漂亮马车，仆人和车夫膀大腰圆，目光沉稳，一望而知是她的侍卫。

而在稍远处，那几个戴草帽扛锄头的精壮农夫在观望。

李煜暗忖：如果这些人是弘翼的手下……

那陌生女子纯洁的笑容使他打消了疑虑。

事实上，二人面对面时都吃了一惊，都被对方的仪容镇住了，视线倏然相交，一时挪不动。笑容趋于凝固，让位给刹那间袭来的某种东西。

李煜见过多少漂亮女子？可是这一位，竟然令南唐诸宫所有的粉黛黯然失色。哦，她的双颊泛红了，她的长睫毛黑眼睛扑闪着娇羞。午后的阳光与八月的秋风勾勒她的体形，"天水碧纱"织成的裙子随风轻飘。

陌生女子掩饰不住的娇羞，则把她所受到的震撼和盘托出。

四目挪不开。空气中似乎有响声。

她垂了眼睑，瞥向他的箫和书卷。又望一眼他的看上去普通的良驹，目光停在那浸泡在水中的半旧的鱼篓上。

她不大自然地朝鱼篓走过去，一面颤声说：你钓的鱼真不少啊。鲈鱼！

李煜张口却无声，咽喉部好像有异物。

漂亮的陌生女子冲着半篓鱼摇头：可怜的鱼，可是又好吃。

李煜这才摆脱了"执"的局面，笑道：姑娘若喜欢，我就卖给你，省得我驮到坊市去叫卖。

陌生女子望他时，脸又红了。也许她暗忖：多么明亮的笑容，却如同这秋空，掠过一丝灰色的云影。

她勉强笑道：你是个卖鱼郎吗？

李煜说：不像吗？

她摇头，笑得比较自然了。她拿起《唐人乐府》，翻了几页说：贞元年间的抄本，褚遂良的书风……这本书值得满船好鱼。

李煜说：祖传的东西我也不懂。我这人没出息，靠钓鱼维持生计。

她莞尔，樱唇微启：我只听说过打鱼维持生计。

李煜叹息：去年还有一条打鱼船，有渔网……

话未说完他自己先笑了。他从未说过谎的，却无师自通说了一回。

陌生女子注视他，说：你钓鱼维持生计，还守着祖传的宝物。这鱼我买了，一千钱够吗？

李煜瞧瞧她系在手腕上的精致荷包，迟疑了一下说：姑娘施舍，不才铭记。

她细眉往上一挑：你刚才随口吟出的小词，不让晚唐张志和。

李煜受她鼓励，略一沉思，第二首《渔父》向江面铺开。

　　一棹春风一叶舟，一纶茧缕一轻钩。花满渚，酒盈瓯，万顷波中得自由。

陌生女子惊喜莫名，叫道：太好了！有禅宗意境，更有人间烟火！二者相连丝丝入扣。我要谱成曲子，传遍金陵城。

李煜说：随口胡诌而已。

女子笑道：你这话可不够谦逊。随口胡诌都这样，若用心填词，岂不是要冠绝古今？

她又说：只一点我不大明白，眼下已是秋季，你却吟咏春日垂钓的情形。

李煜说：几年前我到这儿钓鱼的时候，正是烟花三月。当时留下的印象太深了。

她问：也是只身前来？

李煜说：一位可敬的老禅师带我来的。

她点头：噢，一位老禅师……

陌生女子别过李煜，朝官道上的马车走去。步态依然呈现着羞涩，阳光下藏不住的。仆人和车夫垂手侍立，可知她门第不俗。李煜本想问她芳名，又担心唐突了她。

有帘帷的马车远去了。

李煜在江边立尽斜阳。那几个农夫模样的汉子在原地徘徊，不时朝他张望。李煜知道了，他们是从善安排的宫中武士。也许从善躲在暗处指挥呢……

落日圆圆地下去，月亮弯弯地上来。江北烟树迷离，依稀传来狗吠声。

李煜下午不复钓鱼，鱼篓没了，钓上来也无处搁。他盘腿坐于石头上，倾听江声与心跳。他本无意回味，她却不请自来……江水让夕阳染红了，又被月色漂白，红与白都是属于她的颜色。哦，那步态！睁眼闭眼是她，乾坤为之倒转。

心跳盖过了江声。这可蹊跷。

绵绵情思如江水，一弯新月照幽人。李煜对自己的反应一再惊奇：他身上潜伏着的那股力量竟如此之大。稀世之美照面，禅心避退三舍。

禅心并不能化解春心吗？宫闱深处的那些女性妖娆，原来滞留于他的灵肉之中。禅宗的广阔天地，原来亦通向茫茫情海。

做俗家弟子真好。

哦，她先前是这么说的：随口胡诌都这样……

发音真舒服，语态乃是情态。步态亦然。

李煜站在江边的石头上迎风吹箫：《蓬莱三弄》。绮思缠绵的箫声直送石头城。

他相信，她能听见的。

秋空如洗，南唐皇子打马回金陵。身后那几条精壮汉子不知何时也骑上了马，薄暮中影影绰绰地跟随着。

南唐金陵分外城内城，皇城巍峨，有驰名江南江北的百尺楼、绮霞阁。王公大臣的豪华府第紧挨着宫墙。

大司徒周宗的宅院，有女名周娥皇。

娥皇生长在豪门，却对锦衣玉食兴趣有限。三岁听琵琶，她能听入神。一年四季，家中有各式聚会，佳肴名点使人馋，娥皇尝一口便跑开了。乐工演奏处，总有她的小身影和灵动的大眼睛。五岁，正式拜名师学琵琶。家妓们随她的琵琶声起舞，她对舞蹈又感兴趣了。小女孩儿舞长袖，众人赞叹。

雕梁画栋芳菲园，娥皇在四季不败的鲜花中生长。

父母欣然注视她。

家中有个老仆人卧病在床，少女娥皇亲伺汤药，每日钻进他那低矮的柴房。老仆是越州人，记得许多水乡小调，撑了病体也要唱给娥皇听。管家对这事儿有意见，找时机向主人汇报了，司徒大人说：娥皇向善，甚好。

后来老仆死，娥皇大哭一场。司徒周宗吩咐管家厚殓，对老仆遗孀厚加抚恤。并说，日后下人病殁，皆依此例。

园子里有死去的小鸟，娥皇是要亲手刨坑埋葬的。

日复一日，娥皇在园子里长大了，白皙，高挑，皮肤细嫩，五官精致，胖瘦适度。她可不知道自己美到什么程度，受人赞叹她也习惯了。漂亮是什么意思呢？都说她鼻子眼睛好看，耳朵却又如何？对五官要一视同仁……她走路像舞蹈，梦里也唱歌。她收集了好多唐人乐谱，挑灯研究，一对深思的眸子映照烛火。凡不懂处，她请教乐人。父亲还从宫中请来高明的乐工指点娥皇，花重金买下孤本乐谱。

娥皇十八岁了。

娥皇十九岁了。

闺中女儿的情丝有如秦淮河畔的柳丝。府中上上下下都在议论：娥皇何时出闺呢？金陵成千上万的富家子，谁有福分消受她？有老妈子悄声问娥皇，娥皇说：家里多好，我才不想出阁呢。

可她早晨起床对镜发愣：夜来做绮梦，染得帘帷一片粉红。黄昏里她独自漫步，长时间俏立于晚风中。老妈子最敏感这个了，说：娥皇有了心事！

心事飘出去又弹回来，寸寸蹭着肌肤。十七岁的心事，十九岁的心事……

老妈子终于忍不住对人嘀咕：翻过二十岁便是老姑娘！

父母似乎不急于将娥皇嫁出去。

娥皇喜欢秋游，带几个随从走远郊。她扮作小生模样，骑白马穿城而过，挥鞭驰骋官道，扬起一路轻尘。市井女子纷纷猜测：谁家少年这么俊啊？娥皇以女儿装出游，要坐辎车、遮帘子的。老妈子千叮万嘱：城中切不可打帘子，倾城之貌万万露不得。世上劫匪有两种，一劫财二劫色……

出得城门自由了。

天高云淡。枫叶流丹。

娥皇在蜿蜒的沙路上疯跑，芳心噗噗跳。可是芳心掏给谁呢？芳心如同小鸟，心房是它的窝巢，它有了翅膀能翩飞，却不得一展羽毛。

唉，天下多少女子，俏也好丑也罢，谁不是系于一个情字？

情之发端矣，如长江之发源，流出万千江河湖汊，绘就无数的"情图"。其间的阻滞、迂回、畅流，谁在埋头做研究？

娥皇的这个情字又不比寻常。是的，她成长的每一个细节都堪称完美。十九年毫不经意的孕育，情如稀世之珠。

江边那个布袍钓鱼郎……

那一天的下午娥皇轻快地回家，忽然转觉惆怅：情丝像鱼线一样抛出去了，却发现鱼钩上空空如也。金陵城几十万人呢，叫她到哪里去寻？

娥皇本不知男女邂逅为何物。当时在大江之畔只知和他说话了，说一句想说十句呢。她是陌生女子，他是陌生汉子，居然一见面就你一句我一句的，这可令人费解。很奇怪。她买下了他钓的鱼，连鱼篓都带走了。她是南唐国大司徒的女儿，据说拥有倾城之貌，不可能由着性子待在江边问东问西。她走了，马车轻摇，心也在摇。远远地回头瞅那钓鱼郎，哦，那才叫玉树临风：江风卷起他的做工考究的细麻布袍。一路上她自言自语，自己对自己说着悄悄话……

回家她的红唇还在动，老妈子紧张地研究她的表情。吃晚饭她扒了两口，放下筷子走开了，在园子里靠着一棵桂树呆望月亮。弯月如钩，钩出的全是江边的画面。

惆怅来了。

情思。情丝。未曾经历过情事的少女，没有一点经验。当时也未曾想，别后如何去寻他。而寻思他的言谈笑貌，他的箫，他的书，他的马，娥皇几乎能肯定：他不是寻常人家的子弟。

寻思半天惆怅依旧。金陵富人密如枋。

第二天她换了男装，骑马出北城直奔江边，唯见万顷波浪。

花满渚，酒盈瓯，万顷波中得自由。

江边扑了空，娥皇又在皇城边逡巡，留意每一扇朱漆大门。她对自己的行为都感到好笑了：江边跟人家说了几句话，就忘不了，就四处找……即使碰上了又能怎样呢？她敢学那崔莺莺私订终身吗？

娥皇"通书史"，也爱看闲书。闺中的女儿看闲书，唐朝就很普遍了，南唐风气更甚。《李娃传》《莺莺传》《烈女传》《长恨歌传》……街市上有售，各种各样的抄本。娥皇自己也抄书，一年总有两三本，多年累积下来有半人高了，整齐的蝇头小楷，偶有行楷。父亲夸她的字"媚中见骨"。她学过褚遂良，也学过柳公权。

白香山的幽怨情诗《井底引银瓶》，娥皇不知抄过多少遍了。"妾弄青梅凭短墙，君骑白马傍垂杨。墙头马上遥相顾，一见知君即断肠……"

几天前，周娥皇也是一见知君吗？君骑灰马傍大江……

男女本是素不相识，却能够一见相知。见过一面之后，忆他千回百回，这太奇怪了，这就叫不可思议！

这些天娥皇一念接一念的，晨念午念黄昏念，念念有个钓鱼郎。

她想：看来门第是匹配的，他佯装布衣汉子，倒表明家境不俗。哈，他装得不够像！不过门第差一点也无所谓，父亲不会计较。当然，娥皇也不会去考虑张生或元稹式的男子，贫寒而轻薄，徒有其表。养尊处优的女孩子嫁入诗书仕宦之家，叫作门当户对。

这是生活的常态。

娥皇陷入痴迷了，一线希望勾起无限憧憬。十九岁了，委实怨她不得。春心一旦亮相，就要翻波涌浪。清纯，端庄，娴静，却原来——孕育着火热的情怀。也许端庄娴静的女孩儿更能燃烧哩。

情火由来烧不尽，不须春风吹又生！

娥皇依稀记得，母亲曾对父亲说：咱们的女儿天生丽质……

重阳节快到了，一场秋雨洗净了秋空，满园菊花斗鲜争辉。娥皇专心干一件事：将钓鱼郎的两首《渔父》谱写成曲子词。"一壶酒，一竿身，世上如侬有几人？"她的旋律要配上他的词句。二者妙合，流传市井。他会听到的，他将循歌访问，辗转托人敲响司徒之家的朱门。

娥皇心中有旋律，绕篱倚石自沉吟。笔端蕴秀，口角噙香，亦能抬手叩问禅境。恰好去年她抄过一卷《六祖坛经》。莫非其间有因缘？

这天傍晚，父亲从朝廷归来，让母亲对娥皇讲了一件要紧事：近日皇上与皇后娘娘将在瑶光殿赏菊，诏令部分命妇随赏，御制名册上有娥皇。春秋两季，宫中常有类似的活动，或祭祀，或游玩，或行佛事。娥皇未曾入宫，自然是有期盼。

母亲暗示说，她被列入御制名册不容易，因宫中的名册分了好几种呢。娥皇要把握好机会。

什么样的机会呢？娥皇不大懂，母亲又不明说。

娥皇是有教养的女孩儿，她不问的。母亲不明说，自有不明说的道理。即使是母女之间，有些事只能暗示。

娥皇忙起来了，选衣饰，定发型，挑歌舞和琵琶演奏的曲子。她曾自创"云高髻"，用了汉宫李夫人的玉搔头、唐宫杨玉环的金步摇，高髻半耸，配她的脸型与身材，十分惹眼，转动照人。去年除夕她亮了一回相，百余双眼睛全被她照亮了。她五官俏身段也俏。这已经了不得了，却还有一件宝贝贯穿这一切，叫作典雅的气质。

到了入宫的前一夜，娥皇万事齐备只等登场。母亲看过了她的"彩排"，含笑称是，但未多说什么，只嘱咐她早睡，翌日早起理盛妆。

娥皇在沉香木桶中洗了梅花浴，用的是年初埋入地下的腊梅雪水。明晨起床，再入浴，身子便有幽香，几个时辰不散。她上床熄灯，闭眼好一会儿，听见自己在叹息。

窗外悬着半轮月。君骑灰马傍大江……

宫廷画师卫贤按李煜的《渔父》作《春江钓叟图》，李煜看了很满意，将词句题写在画上。这卫贤是长安人，官居内供奉，号称金陵丹青第一。他这幅画作，将春江、春意、春情倾泻到长卷中。烟波钓徒临江独钓，与世无争。李煜将这幅长卷呈送父皇，是希望哥哥弘翼能看到它，明白他的心志。他志在江湖，而不是志在庙堂，此心昭如日月。他是佛门的俗家弟子，号钟山隐士、莲峰居士。若问他平生志向，只在禅境与美境。东宫龙椅之类，于他如浮云。和他美妙而丰富的世界相比，区区三尺龙椅算什么呢？坐龙椅多累呀，整天忙着盘算，御笔挥个不停。父皇李璟也曾扩张版图，打荆楚，灭闽国，结果又如何呢？锦绣江南平添了多少坟头？百姓呜咽，父皇染疾，太子哥哥为保皇位竟迷了本性，屠刀一举再难放下，频频挥向骨肉兄弟……唉，真是的。万里江山何足道？以禅宗观之，亦不过宇宙间一微尘耳。人性俱有佛性，有些人却为何执着于杀性？

人事无常而天道有常。李煜相信，无论江南还是江北，终有佛性广被之日……

五代十国打了几十年，毁灭了无数生灵，催生了李煜式的和平思想。

就人类历史而言，战争与厌恶战争，杀性与痛恨杀性，从来就是两股巨大的潮流。而后者从未在历史的境域中退场。文明因之而延续，人类因之而异于禽兽。

佛教传入中国后，写下的是一部慈悲史。不同的教派之间，没有大规模的宗教战争。

南唐李煜之向佛，为何要受到学者们不厌其烦的责备呢？

若以成败论英雄，哪里还有人性崇高的价值可言？

这一年的秋天，十八岁的李煜收获了钓徒与情郎的双重角色。钓徒意味多多，情郎风光无限。谁的情郎呢？不知道。江边那个俏女郎……转眼已是九月天，李煜却不能忘怀。这使他吃惊不小：男女邂逅竟然有这么大的魔力！情愫这种东西，原来深藏在他的血液中。文善禅师当年说他："天资好，又生得漂亮，感受周遭事物远胜于常人。"大师深知他的天性，无意诱他遁入空门。大师想做的，无非是在他的美目之上覆盖一双慧眼。

禅境何其广阔，情心似犹过之。陌生女郎占据了他的意念，低头是她抬眼是她。她究竟凭借着什么呢？看来无非是：一笑语一举步一转身……寻常吗？却又如此神奇。她脸上的一抹娇羞居然染得山林皆醉。莫非情心也称禅境？

挺拔的李煜，刚劲的李煜，在这个秋天里绮思绵绵。大师给他的那双慧眼又使他反观绮思。不过，大师亦知绮思吗？李煜一念及此，抿嘴而笑。大师早年亦是俗人，男女绮念不免。及至他老人家飘飘然入禅境，绮思渐消。当然啦，大师心中的那点绮念，断断不如此间的李煜。

风流二字当细察，切切不可一语带过。多少人生之情态、生存之细节在其中。唐圭璋先生给李煜下断语：风流糊涂天子。此语谬矣，谬矣。

这个神奇的秋天为李煜敞开了无限的风流。缠绵绮思亦见佛性。或者说，七彩绮思有佛性之无色光环。

想想那位写下了《长恨歌》的白香山吧。香山居士亦谙情事："暗想玉容何所似？梨花一枝春带雨。"传神的句子由何而来？端赖一颗蓬勃春心！

春心这势头，直欲铺遍一年四季。

唉，这情思也霸道。

李煜凭它霸道。自由之身逍遥。禅宗教人无执，无执便是自由。

瑶光殿的宫女们以八个字形容李煜：神清气爽，玉树临风。

神清气爽有来历。李煜何尝不知欲？欲望之花却渐渐开成了心灵之花，这转折也自然。根正苗红，即使肉欲也能长出灵光四射的硕果。

陌生女郎的俏丽姿容风流体态……李煜时时想她，时时心跳而已。心跳是唯一的生理反应。

情、欲有个分界线。情思敞开一个世界，天地都变了。欲望是朝着肉身的收缩。情欲相连亦可分，而人之为人，分是具有决定性的。一切爱情的奇观，均是"分"的结果。

像《诗经》这样的中国文化的源头，绮思已经是思无邪："蒹葭苍苍，白露为霜。所谓伊人，在水一方。"

思若有邪，美景会趋于消隐；思若邪得厉害，美景荡然无存。

李煜派人出宫去打听，坊间是否有《渔父》的歌曲流传，打听的结果令他失望。他想：不可能传得这么快的。《春江钓叟图》的若干摹本挂在金陵城中几处有名的墨庄，也没有特殊人物的光顾。以他的身份和处境，又不可能上街闲逛。

李煜每天都在想：她是谁家的女郎呢？她订婚了吗？如果已经订了婚，那么她对婚约满意吗？

南唐的婚俗，比盛唐更开放。男女违背婚约的事情屡见不鲜。父母对儿女的婚事做主，却往往不能一手遮天。闺中女儿也能活出轩昂：她的喜欢与否，不是无关紧要的。

南唐爱情比较多。

这当然与江南风俗有关，与南唐君主的倡导有关。中主李璟和他的大臣们都是懂生活的，修养好，情趣多。宫中府中，高墙深院，固然是笙歌曼舞让人羡慕，民间的生活却也是花样繁多。各式节日，从年初要过到年尾的。上元节，上巳节，清明节，端午女儿节；夏至宠鸟，中秋赏月，重阳登高，冬至踏雪，除夕守岁……女人们的身影活跃于郊野和街巷。如此景观，北方诸国罕见。

李煜这么想：如果她是仕宦人家的女儿，如果她尚未许配与人，那么，他和她之间就有可能。

但凡想到这种可能性，李煜的心就怦怦跳了。

他和她一旦……哦，那如何得了！

仅凭江边的几句含蓄的对话，他和她已然朝夕神交矣。

她对他，亦如他对她吗？

答案似乎明摆着。男女情力相当。双方的魅力都是不可抗拒，而这魅力的释放只在一刹那。阴阳遇合，真乃人间奇迹：没有比这更美妙的东西了。陌生女郎举步娇羞，李煜从中读到了自己的魅力。他能确认这个。

他和她是这种情形：情之生也漫长，情之相吸自是非同小可。犹如两块大磁铁。磁铁不照面则已，一照面定然奔对方而去，牢牢地相吸。

权杖，禅杖，看来都不及男女情怀。

对十八岁的李煜来说，这何尝不是一种顿悟？

临近重阳节的这一天中午，悟情的男人在宫中漫步，满园秋花为他盛开。宫女们穿梭着，莺啼燕语，面如冠玉的皇子随口滚珠抛玉：

> 一片芳心千万绪，人间没个安排处。

有宫女听到了，迅速传开去。她们猜测：六皇子这是写自己呢，还是写她们？

一个名叫庆奴的小侍女，只有十二岁，生得娇小玲珑，眼见是个美人坯子，又活泼，口齿伶俐，粗通文墨。李煜视她如同胞小妹妹，叫她随侍左右。这庆奴也淘气，眨眼之间不见人影了。远处的百尺楼上，隐隐约约有笙歌传来。

百尺楼在瑶光殿和澄心堂之间。中主李璟退朝时，通常乘辇到瑶光殿，与国后钟氏一同用膳。钟氏年近四十，俨然中年美妇，主持后宫十分得体。李璟敬重这位当初的皇后，现在的国后，每月总有几日留宿瑶光殿。国主与国后同辇、同膳、同室，在宫中传为美谈。历代皇后皇妃，一般未满三十岁就靠边站了，她们不得不以另一种方式释放生命的能量：后宫弄权，向新受宠的妃子发动进攻。失意的皇后类似得意的太监，这两种人都是用心专一而身子闲置。皇后更痛苦，因她欲望在。

钟氏破了这格局，对李煜的未来是个指引。

李煜这会儿朝百尺楼方向走去。他随便转转。园子很大，午后到处静悄悄。池塘中有残荷，荷叶上立着一只翠鸟。

秋日的午后，与夏日的午后有不同。不只是景色不同，"统觉"也殊异。秋日午后的阳光仿佛有某种特殊的气味儿。

而此刻李煜嗅到的，是秋阳中的情味儿。

一棵高高的银杏树上有大鸟飞翔。李煜抬起头来，望望有太阳的秋空。

情思接上了静悄悄……

小庆奴不知从何处钻了出来，朝李煜这边疯跑，绣花鞋摩擦着青石板。她站定，捋捋裙子，擦了一把汗说：郑王爷你躲哪儿去了？害我找半天。

李煜笑道：你跑去玩儿了，倒来怪我。

庆奴说：我敢擅自去玩儿吗？

李煜说：只要好玩，你尽管玩去。别误大事就行。

庆奴启齿笑道：正好有一件大事。国后吩咐，明日不去钟山过重阳节了，先在园子里赏菊花，然后与国主同登百尺楼。

李煜奇道：这件事昨天你就讲过了。

庆奴眨着一双眼睛。

李煜伸手点着她的头说：国后今日另有吩咐吧？

庆奴捏住李煜的手，忍不住赞叹：郑王爷的手真好看。

李煜笑道：你才好看呢，快传国后懿旨。

庆奴偏了脑袋说：一句话可以分成几次说的。国后的懿旨有两层意思，一是明天百尺楼上的筵席，郑王爷务必要参加；二是游园子的时候，王爷想来就来，想不来就不来。

李煜点头道：庆奴淘气的时候是小孩子，讲起话来有板有眼。

庆奴说：庆奴进宫都快两年了。伺候郑王爷，还能不长进啊？

李煜说：长进就好。今天写字了吗？

庆奴屈指一算，表情认真地说：今天写了一首杜诗，加上题跋八十七个字。另外呢，我昨晚绣了一张手帕，有云彩和大雁。

李煜笑道：庆奴的题跋，我倒想看看。

庆奴又比画手指，嘟嘴道：八十七个字呢，可把庆奴累坏了。

李煜注意到，庆奴的几根手指头跟水葱儿似的。

有一回，李煜与宾客谈论书法，盛赞杜甫"硬瘦"的书风，并向客人出示珍藏的杜甫墨宝：《秋兴八首》中的一首。庆奴也听得入迷了，直愣愣看那墨宝，右手食指不停地画。

庆奴写字、绣花皆有悟性，侍女们很羡慕。庆奴近侍李煜，端茶倒水铺床叠被的，多少侍女在瞧着。然而庆奴做事出了差错，比如摔坏了贵重瓷器，李煜并不责怪她。她自己跟自己恼，李煜倒去哄她。年龄稍大的宫女说，郑王幼年还闹过几回蛮脾气，渐渐大起来，竟对谁都和蔼可亲。

其实庆奴近侍李煜，有国后钟氏的一层考虑：李煜生得太好，举止风度尤佳，十五六岁的女孩子靠近他，难免生出情愫来，控制不住的。

另有几个近身小侍女，皆通文墨，能丝竹，会丹青。李煜的住处距母后的寝宫不太远，称偏殿，权作郑王府，几进大院两座小楼，墨香，花香，脂粉香。侍女和侍女之间有竞争：或长期跟随李煜，将来做他的偏房姨太也说不定；或在后宫选为才人、美人、保仪、昭仪、贵妃之类。也有嫁出去的，有在宫中的净德庵落发为尼的。南唐崇尚佛教，各地僧尼衣食无忧。

国后宫中的黄保仪、乔美人，常到李煜这边走动。黄保仪曾得李璟的宠爱，是个爽快女人，对书画典籍很有鉴赏力。她和李煜言语投机，一聊半天。乔美人二十多岁了，却与李煜身边的小女孩儿嬉戏，打闹，追逐。乔美人有观察侍女的职责，表面上不露痕迹。

黄保仪、乔美人都看好庆奴，于是众女孩儿议论说：庆奴是跟定李煜了。

她们有时在背后对李煜直呼其名，这两个字叫着舒服。李煜佯装没听见……

现在，李煜和庆奴信步走着。庆奴闲不住，往自己鬓边插菊花玩儿。宫娥们柔柔的歌声从远处传来：西风愁起绿波间，小楼吹彻玉笙寒。

李煜停下脚步，心想：百尺楼的笙歌是为明天的重阳节庆准备的。他眺望着百尺楼的几重飞檐，镶入蓝天白云的玉楼有飞升之势。

他做出了一个决定：重阳登高……

旁边的庆奴，也拿眼去望百尺楼。

次日一早，李煜到后宫给母后请了安，略坐了一会儿便回，摘王冠，脱锦袍，换上了细麻布袍，打马出城去了钟山莲峰。金陵人重阳登高多去钟山，李煜只身匹马，专往人多处转悠，穿梭于遍布山道间、山冈上的香车宝马。富人斗阔，平民争欢，小贩竞卖，儿童疯玩，莲峰寺的香火好旺盛！

寺中的几个和尚认得李煜，他绕开寺庙，只站在高处向庙中看了几眼。心里有个人影，目光搜索的范围很小。秋天的太阳照着三三五五的、春花般的女儿容颜，李煜虽是寻常穿戴，却已惹得她们注目连连。风是自由的风，包括她们的眼风。有女人还故意在山坡上迎风俏立，李煜暗暗有些吃惊呢。宫中只听说金陵女子妩媚多情而又大胆泼辣，不与她们照面，如何看得端详？

幸福的社会生活，女子的昂扬与多姿是标志之一。江南山水偏于阴柔，阴柔正是女子本色。史家有此一说：盛唐女人不及南唐。想那繁华冠绝天下的长安城，若再延续二三百年，恐怕粗犷的西北汉子也会柔情似水。

李煜从一个山坡走到另一个山坡。

南唐皇子东走西瞧……

眼看过了正午，那人影还在心里，林下与坡上，乃是不相干的桃花面。她们五官好也罢，身段俏也罢，和她一比都黯淡了：五官只不过是五官，身段呢也仅仅是身段，缺了神韵。李重光何等的眼力？看神韵就像看五官，观气质直如瞧身段。修养是什么东西？修养就是——能直观无形之物并使之有形化。

李煜坐地吃了两块糯米糕，喝下一碗粥。小贩又向他兜售珍珠坠子、香木念珠，他看了看，放下了。俗物也有高下，那只半旧的鱼篓就不错。鱼篓带出她提了裙裾躬身探头的模样。

他忽生一念：此时此刻，她在何处寻他呢？

举目巡视之后，再生一念：也许她早把他忘了呢。

李煜不禁有些紧张。

这使他回想八月那一天在江边垂钓的情形，希望能够在她的眼神中重新确认自己的男性魅力。他确认了，松了一口气。

可是她为何不现身呢？重阳节是个好机会，他不错过，似乎她也不该错过。

年轻的王子痴望周遭。有些登高客已经吆喝着下山了。

一重山，两重山，山远天高烟水寒。相思枫叶丹……

他是皇子，婚姻由父皇做主。不过找到她总还有办法，父母向来尊重他。找不到，一切都无从谈起……

李煜骑马回宫，有点泄气的样子。日头已偏西，母后正带着众多嫔妃、命妇赏秋菊，慢慢朝百尺楼走。庆奴报告说，命妇中有一位大司徒的女儿，梳着云高髻，饰了鬓朵妆，纤裳紧束，举步飘逸，众人称赞不已。

李煜笑道：你懂得飘逸二字吗？

庆奴说：我是不大懂，国后是这么讲的。

李煜说：既然国后都这么讲，她可能真有几分飘逸。

庆奴摇头，很认真地说：不是几分，是十分。

李煜乐了：嗬，十分飘逸！看来她是一位仙女。

庆奴略一顿足，噘嘴说：郑王爷讽刺庆奴。

这小女孩儿，顿足噘嘴的模样怪俏。乔美人曾以此打趣过她，她倒越发顿得好看了。

庆奴伺候李煜换了装束，吩咐了宫车。李煜说，不需宫车，走着过去。庆奴吐吐舌头：那还不走到太阳落山啊。

李煜拍她的脑袋说：太阳落下山，正好登高远眺。

李煜喜欢在园子里闲游，冬雪夏阳，春花秋月。从不刻意看花，于是处处有鲜花。庆奴揣摩：或许跟禅境相关呢。她也学着焚高香拜空王。李煜鼓励说：三载拜空王，心思自芬芳。庆奴喜不自胜，说：心思也能透出芬芳啊？拜上五年十年又会怎么样呢？李煜笑答：还是芬芳。

此刻，主仆二人，绕假山，过池水，穿亭榭，掠秋花，悠悠晃晃朝着百尺楼走。李煜时时走神，把庆奴给忘了。这情形常有，庆奴也习惯了。李煜是个心思饱满的男人，平时话却不多。

庆奴崇拜他，模仿这风度。

百尺楼近了。一大群衣饰鲜亮的女人在楼前逗留。国后伸手指点着什么，从善在她身边。不见太子李弘翼。少顷，一辆辇车几辆宫车从澄心堂那边逶迤过来，南唐国主李璟驾到，弘翼夫妇和几个近臣跟随銮驾，近臣是徐铉、冯延巳、韩熙载。

大臣冯延巳、韩熙载都是一大把年纪了，翰林学士徐铉走在后面，他发现了百步开外的李煜，点头示意。弘翼也看见了李煜，面无表情。

钟氏率领着嫔妃命妇向李璟盈盈一拜。这种轻松的场合，向来免行大礼。

李璟刚过四十岁，夕阳照在他略显苍白的脸上。国事纷扰，澄心堂耗去他的大量精力。

有个云髻高耸、鬟朵微颤的体形修长的女子站在国主面前，庆奴忙道：大司徒的女儿！叫娥、娥、娥……

李煜笑了：曲项向天歌。

庆奴也扑哧一声笑出来。

那盛妆女子背朝李煜。李煜想：背影蛮好，面容想来也不错。不过他对她兴趣有限，宫外的命妇他见过几次了，母后曾问他，可有中意之人？他不置可否。

而父皇是享有传统特权的。看得出来，他对那盛妆女子很感兴趣，问这问那的，"龙颜泛红"。

李煜心在别处。再一层，弘翼的冷漠令他不愉快。弘翼看《春江独钓图》，多半又看偏了。

李煜走到金碧辉煌的大楼前，见过父皇母后、太子哥哥、几位大臣。忽然感到肩背一热：有目光从侧后直射而来。

李煜转身，看见了娥皇——那朝思暮念的、陌生又熟悉的女郎。他近乎本能地松了一口气：终于找到了。

她也是。瞬间的表情变化，诉说了许许多多，红唇却是启不开。眼睛格外明亮，含笑意，含紧张。

经过了一个月，视线再度交织。

国主国后安在？百尺楼退到天边。

高贵典雅的娥皇"几失态"。宛如波平如镜的水面，忽掀巨浪，排山倒海，人，要窒息的。

钟氏反应快，瞥他二人一眼说，你俩认识啊？

娥皇艰难地点点头，还是说不出话。钟氏微微一笑。

李璟率先登楼，过第三层，便让内侍扶了，微微喘息。那弘翼健步而上，仿佛跟他父亲比体力。

按宫廷的规矩，命妇们稍后登楼。

百尺楼上，占地数十里的皇城尽收眼底，宫殿巍峨，园林如画。秋空如洗。君臣远眺山脉与大江，那有名的两山之间的采石矶似乎隐隐可见。采石矶是长江最狭处，南唐重兵布防。江北即是柴荣的后周，后来的北宋疆域。

长江天堑护着金陵王气。

李璟与臣下指点着远方，议论着国事，李煜在七步开外"隔柱而听"。父皇的千里江山，他何尝不关心？只是他不能参与议论。父皇若问他国事，李弘翼要起疑心。

命妇们上楼来了。佩饰、裙裾一阵响动。她们多为少女，也有少妇，像徐铉的宠姬、以艳冶风流闻名于金陵上流社会的曾氏。无论少女还是少妇，都有侍奉君王的义务：如果君王看上她，她就属于君王了。君王的儿媳妇也不例外。

曾氏艳名大，近来传入皇宫，徐铉不带她入宫是说不过去的。徐铉并不情愿。可是他也忠君，忠与情，难以两全。

曾氏的姿色果然压倒群芳，徐铉很有些紧张呢。所幸有个大司徒的女儿周娥皇，端庄的仪态犹在曾氏的艳冶之上。

宴饮开始了，宫女们表演重阳舞，赞美司秋的神灵，祈祷五谷丰登。接下来，曾氏独舞，模拟杨贵妃入浴华清池，长袖起落，龙椅上的李璟看得痴了，叫停乐工，亲自为曾氏抚琴弄箫。

李煜和娥皇隔着几张桌案。回头时，方与她目光相接。可他不能老回头，他得尊重父皇。

今日重阳佳节，百尺楼上的情势比较复杂。

娥皇上场了。

她弹琵琶，弹残缺不全的《霓裳曲》，取其断章，翻出新声，演奏这支悠长舞曲中的一小段，指法娴熟而优雅。这一段，是她在家里精心挑选的。"轻拢慢捻抹复挑……"那李璟原是弹琵琶的行家，自谓宫中知音少，"如听仙乐耳暂明"。娥皇美目流盼，李璟一听三叹：司徒周宗的女儿，琵琶如此出色，怎么以前没听说啊？

李璟下令，赐娥皇烧槽琵琶。

满座为之动容。

内侍取琵琶的这一阵子，李璟下龙椅走近娥皇，与她谈起琵琶来。娥皇于众目之下虽然羞涩，却对答如流。国主问她续的残谱，又问她的指法，显然十分在行。像是朋友间的交谈，没有尊卑之分。

这把烧槽琵琶，乃是南唐宫中的宝物。

《十国春秋》记载："娥皇通书史，善歌舞，尤工琵琶……元宗叹其工，以烧槽琵琶赐之，盖元宗宝惜之器也。"

元宗即是李璟。

据说这烧槽琵琶是东汉蔡邕所制，又称焦尾琴。吴人烧桐木做饭，桐木入火炸裂，响声格外清脆。蔡邕意外发现了，取未烧尽的桐材做成琵琶，琴尾犹带焦煳色。这琴尾的焦煳色因出自音乐大师之手而传于后世，一直传到二十一世纪的今天。

娥皇的目光、手指接触到烧槽琵琶的焦煳琴尾，激动得颤抖了。

娥皇将弹奏什么曲谱呢？刚才国主对她说，他最喜欢的曲子是《桃花渡引》，这是对她进一步的暗示和提醒吗？

琴者情矣，指尖亦能送出孕育已久的春心。

此刻李煜念头多，强自禅定。禅宗却讲究无执，一用强禅心自消，只剩一颗孤零零的春心激荡。情势很微妙，有变数。父皇是至高无上的，如果他看上了娥皇……

弘翼面有得色。他是不希望司徒的女儿和李煜搭上干系的。

弘翼敏感权力的变数，而李煜敏感情力的变数。

娥皇试弦三两声，又捋捋鬓发。抬眼望着咫尺之遥的君王，情势一触即发。

娥皇弹起了《渔父》。她自谱的曲调，悠远，空灵，俨然一曲世外之音。她边弹边启齿轻唱：

浪花有意千重雪，桃李无言一队春。一壶酒，一竿身，世上如侬有几人？

李璟诧异道：这不是重光的新词吗？竟然传到宫外去了。

钟氏趁机对他耳语。李璟点点头，似乎略一踌躇，转而笑道：重光与娥皇……好呀，好呀。

国主周围的人都听见了。

李煜几乎合掌，道声阿弥陀佛。

那弘翼作何反应，他无暇去理会了。

台上的娥皇望着李煜，含情轻唱：世上如侬有几人？

第三章　娥皇与庆奴

公元十世纪中叶的这一年孟春，十九岁的娥皇嫁给小她一岁的李煜，幸福到家了。婚礼隆重不消细说，宫廷上下一片喜庆。一人向隅亦不消细说，此人是入主东宫已数年的李弘翼。

李璟警告弘翼，如果他再敢算计李煜，立刻废了他的储君资格；如果李煜有个三长两短，不管缘由，只拿他是问。

弘翼吓缩头了。

李煜在结婚的这一年，终于有了安全感。

也许上帝是这么安排的。美神初入爱河，不受干扰，让一朵鲜花淋漓尽致地呈现。

李煜、娥皇是如何互相盯着看的？美与情，是如何越积越多，又催生多少华章？

晚妆初过，沈檀轻注些儿个。向人微露丁香颗。一曲清歌，暂引樱桃破……绣床斜凭娇无那。烂嚼红绒，笑向檀郎唾。

"娇无那"三个字，说尽娥皇风流。

诗句停在欲望的边缘上。而类似的情景，寻常巷陌，不管雕窗下还是柴门内，男女喧闹、追逐、俏骂、扑打，谁家没有呢？

> 红日已高三丈透，金炉次第添香兽，红锦地衣随步皱。
> 佳人舞点金钗溜，酒恶时拈花蕊嗅，别殿遥闻笙鼓奏。

彻夜欢歌曼舞，舞得地毯打皱，炉中香兽完了再添。把香料做成兽状，小猫小狗小狮子之类，始于晋，盛于唐。佳人踏着鼓点，有曼舞更有劲舞，佳人头上金钗，不是掉地，而是溜出去。一个溜字，又传神了。这恋爱中的李煜的神来之笔，有些人奋斗终生得不到，他倒好，随手一划，佳句来了。

周娥皇比杨玉环如何？二人俱是出色的舞蹈家，音乐家，服饰的设计者和宫廷"模特"，修养又好，性格单纯。

单纯驻颜，复杂损容。

杨玉环生在雾蒙蒙的四川盆地，周娥皇生在烟柳画桥的江南，都有官宦人家的背景，从小养尊处优。娥皇袅娜，玉环丰腴。美与爱，弥漫了她们的日常生活。

柔情似水，激情如火。水与火的性情特征，似乎当为佳丽所必备。

不过，杨妃善妒，有几个善于弄权搞阴谋的哥哥姐姐，她的情爱格局乃是"老夫少妻"，与娥皇不能比的。

也许女人皆善妒，尤其当她爱得激烈的时候。女人之于情爱，乃是全副身心地投入，从一头青丝爱到满头银丝。牙齿缺了，皮肤打皱，走路用拐杖……她还要爱！

爱人者，能爱是个前提。有修养的、单纯的男人女人，一旦爱起来，虽能耗大而能持久，表明那燃烧的物质非同寻常。

娥皇真能爱。娥皇亦善妒否？

娥皇十九岁入宫做了郑王妃，又住在皇后娘娘的瑶光殿，能歌善舞的漂亮女孩儿到处都是。娥皇今日压倒群芳，却保不住明日输给新秀。年龄是她的弱项，转眼就二十出头了，再一转眼，已是李煜长子仲寓的妈妈。

母以子贵，皇宫尤甚。

娥皇的王妃之尊牢固了，却可能失掉情爱地基。她得努力。孩子有奶妈带着，她得以恢复舞蹈身材。她有两个优势：一是她的天资，二是李煜的禀性。

可是她的年龄毕竟一天大似一天的。爱欲之躯始于夏季，整个春天都交给漫长而丰富的"青春助跑"：十三初萌女儿心，十九嫁入帝王家。婚礼乃是双重盛宴：酒醉更兼色醉，洞房之夜是个开端。羞羞答答消耗着羞羞答答。又要燃烧又要"持驻"，委实两难哩。娥皇的"纵情一跃"，乃是势所必然。

不用说，情势会变得复杂。

而复杂的情势会产生曲折的故事。

庆奴长大了。

庆奴十五岁，出挑得十分水灵。她是扬州人，家贫，兄弟姐妹多。皇宫里的太监到扬州选宫女，哄她来到金陵。庆奴十岁入宫时已识得几个字，次年"进阶"近侍李煜，般般周到；也学着读书写字，拜空王，下围棋，弄丝竹。她又是个小孩子，得了空便疯玩，上树捉鸟下水摘荷，到郑王府的头一年夏天，差点淹死在荷池中，李煜给她好一顿训。她眼泪汪汪的，转过脸去就笑，长睫毛上还闪着泪珠。

庆奴现在长高了，知羞涩了，心里嘴上，唯知她的郑王爷。李煜似无知觉，出宫应酬也带上庆奴。有一回在北苑猎场教她骑马，扶上抱下的。庆奴身子乱颤，脸比枫叶还红，从善看见了，对李煜感慨说：庆奴不是小姑娘啦。

美少女情窦初开，且与她的偶像如影随形。她伺候李煜的一年四季，李煜更衣，入浴，庆奴不离左右。顽皮的小女孩儿，仿佛一夜之间变成了会脸红的娇滴滴的姑娘家：碰碰李煜的手，居然不胜情状，"低头向暗壁，千唤不一回"。

……

宫中的舆论认为，庆奴和郑王爷多半有事。

庆奴担着虚名呢，她倒巴不得！

庆奴去年就有了心事，涟漪般层层铺开。毒日头下她会怔怔地立半天；疾风暴雨不知回；伺候李煜，没甚由来地缩手缩脚，不是拿错了东西，就是摔碎了东西。

这庆奴写在脸上、写在语音里和步态中的心事，李煜看不见。

李煜的浓情只在别处。浓情与另一团浓情氤氲着，如青烟之袅袅，风流百端。

娥皇却能看见庆奴的心事。

少妇何尝不知少女的憧憬？娥皇初入瑶光殿中的郑王府，庆奴对她有抵触呢。王妃的美貌与典雅折服了多少人，唯独庆奴对王妃的魅力口服心不服，她不试纤裳，不梳云高髻，不赞鬓朵妆……总之，她浑身上下是个"不"字，她"不"给娥皇看哩，"不"字中间写着属于她的"要"。她已经作好准备了：王妃纵然以身份压她，她照样是以前的那个庆奴，既能上进悟性高，又能调皮疯跑顿足噘嘴。王妃是王妃，庆奴是庆奴！王妃和王爷糖人儿似的粘在一块儿了，庆奴却也知道，她的郑王爷同样离不开她。

庆奴早在十二三岁，便已摸索到自己的"生存基点"。

小女孩儿凭借着对"世界之为因缘联络之整体"的良好直觉,把握到这个基点。她一个南唐小女子,本不知"理性分析"为何物。

"不"给娥皇看,庆奴故事多。

庆奴将满十五岁这一年,娥皇二十三岁。主仆走在一处,个头几乎一般高了。庆奴却不知何时开始了踮脚走路,个头还冒过王妃娘娘。娥皇佯装不知。庆奴想要高,就由她高呗。娥皇还捏她腿骨脊柱,掂量长度,夸奖说:你这身子比例,不出半年就比我高啦。

岂知庆奴身子一颤,退后说:奴婢不敢与娘娘比身高。

旁边站着内侍庆福,打趣说:你走路踮脚,足足高了一寸,把王妃娘娘给比下去啦。

庆奴涨红了脸,喊道:公公胡说!

庆奴庆福,年龄相差二十多,平时却很要好的。

庆福逗她:我胡说吗?你偏于娘娘身边踮起脚,脚尖走路似的,好看归好看,就是有点比身高的意思。不信你问娘娘。

庆奴拿眼去望娥皇,嘴唇动了动,欲说又止。娥皇含了笑,摇摇头说:我可不觉得,庆奴就是长高了嘛。

有李煜在场时,庆奴越发将身腰腿竖直了。她认为,妩媚俏丽与身高有关系。

娥皇鼓励她说:你提臀走动养成习惯,将来定有好身段。

庆奴应答:娘娘说的是。

到春天减了衣裳,庆奴的身子轮廓露出来,众口称赞她,肩是肩臀是臀腰是腰的。她心里高兴,见了谁都笑吟吟,举止嫣然,走路像练台步。一日,主仆坐在园子里桃花树旁晒太阳,娥皇又伸手捏量她的大腿骨,她弹簧似的蹦起来了,退开几步,眼中闪着抵触。

娥皇不解地问：你这是怎么啦？

庆奴说：不喜欢娘娘的手……

娥皇瞧瞧那只伸出去的右手，说：我的手难看吗？

庆奴说：娘娘的手好看，可是庆奴不喜欢。

娥皇笑道：你跟我也有些日子了，你做错事，我何曾动过你一个手指头？

庆奴嗫嚅着说：我、我不喜欢娘娘的右手摸我……

娥皇再瞧那右手，不禁有些疑惑了。她又望望左手，心想：两只手不一样吗？

庆奴站在桃树下，薄面比花红。

娥皇伸手摸李煜，庆奴撞见过。她总共见过两次，她看见的正好是王妃的右手。

娥皇右手的手尖碰到庆奴时，她感觉甚复杂，说不清道不明。归结成一句话：不要娥皇摸她。

而有了春日桃树下的这一回"触摸事件"，庆奴竟越发敏感了，从娥皇手中接过物件时，指头碰了碰，她也触电似的把手一缩，把脸一红。娥皇说：你和我也授受不亲吗？

庆奴瞅别处，只不应答。

娥皇心里也有气呢，将这事告诉了乔美人。有一天，乔美人唤庆奴到僻静处，问她：你咋回事儿啊？不要王妃触摸你，还不要王妃碰碰你的手指头。娥皇娘娘仁惠，若换了别的王妃，早把你降到下房去了。你这丫头，可不能单敬郑王爷。

庆奴翻眼皮儿顶撞说：我何时不敬王妃娘娘了？我只不喜欢她触摸我。我身上要起鸡皮疙瘩！

乔美人吐吐舌头笑了：哎哟哟，鸡皮疙瘩不好吗？我倒巴望起一回。王妃娘娘那双纤手儿，触摸谁谁不受用啊？

庆奴说：美人这话，庆奴听不懂。

乔美人摸她脸庞说：我的小美人，你到宫里才几年？总有你听得懂的时候。

庆奴凭她摸到下巴，脖子，不颤不恼的。乔美人奇道：我这手小时候干过粗活，进宫才慢慢细嫩了。娥皇娘娘是大司徒家的金枝玉叶，指间有乐曲，掌上有舞蹈，你不抗拒我，倒烦她的触摸，这却为何？

庆奴噘嘴道：我也不知道。你是前辈，你教教我。

乔美人皱细眉，思忖了片刻，才叹气说：我明白了，都是由于你深敬郑王爷的缘故。

庆奴赶忙问：奴婢敬王爷，莫非就不喜王妃触摸？乔美人当年对皇后娘娘也是这样吗？

乔美人点头道：差不多吧。我都忘记了。只是没有你这么敏感。

庆奴自语：原来我格外敏感……

乔美人回禀了娥皇，含蓄提到庆奴的"过敏症"和李煜有关。娥皇恍然大悟，却愣了好一会儿。

春日里，繁花中，娥皇"看见了"庆奴。

初夏的一天午后，瑶光殿中的郑王府，几重院子静静的。王爷王妃闭门小憩，庆奴出深院，到园子里打了一会儿秋千，看了几眼蝴蝶，觉得身子懒懒的，有些春困。这个刚过完的春天不似往年，花开蝶舞仿佛在她身上。池鱼摆尾，飞鸟追逐，她也看得痴痴的。心绪没个准头，忽东忽西。很想要什么，又不知道自己想要什么。想吃美味吧？咂咂嘴，把宫里好吃的东西想了一遍，唇舌却咂出别样美味了，这美味与盘子里的菜肴无关。

怪了。唇舌间咂不完的美味，究竟与啥有关呢？

庆奴朝百尺楼方向走，懒懒的模样，腿也绷不直，手也没处搁。阳光照进薄衣衫，只觉温热……

庆奴走出里许，又回转，慢慢朝着郑王府走。郑王爷该起床了吧。近来王爷王妃午后常小憩，少则半个时辰，多则两三个时辰。庆奴不大明白，二人在屋里一关半日做啥呢？有时，他们日上三竿方起，午后又去掩上门，两个身形齐齐消失，双双关在门内，半日不见出来。

庆奴很想不通。屋子里哪有大好春光？郑王爷明明说过，莫要辜负造物。要细细打量春夏秋冬。

庆奴此时思绪，是倾向于埋怨了。

一对绣花鞋磨蹭着青石甬道，上假山下小桥，周遭全是怒放的鲜花，蜂蝶乱舞。

庆奴身在户外，心思却徘徊于户内。

“触摸事件”之后，庆奴开始向娥皇不经意地翻青眼、露笑脸了。而娥皇除了照顾她的处境，也体谅她的身子敏感症，尽量不碰她；尤其是右手，不与庆奴肌肤相接。只是主仆朝夕相处，难免有忘却：偏是那提防最紧的右手，从雪白手腕到纤指间，要出一点差错。彼此稍不留意，手腕便挨上，指尖相触。

这样的时刻，娥皇、庆奴要红脸的。夜里倒好，若是大白天日头下，羞涩接通羞涩，眼也饧心也慌，不知要怎地。

不留意处偏是留意得紧。这现象委实叫人称奇。

还有一个“事件”：触摸未了，庆奴又盯上了娥皇的湿润红唇。庆奴琢磨郑王爷的词句：向人微露丁香颗。娥皇说话时，红唇翻动，玉齿香舌逼近她，言语靠后舌香上前。

而娥皇被庆奴瞧到一边去了，吩咐的事情还须重复，不禁问：你老看我嘴唇做啥？

庆奴惊醒了，忙低了眼睑说：看娘娘说话呢。

娥皇摇头：未闻看说话的。你把耳朵一味闲着，我怎么跟你说话？

庆奴说：奴婢的耳朵不听话，娘娘罚它。

娥皇笑了：你叫我怎么罚你？你是碰不得，我这手也伸不得。

庆奴脱口而出：罚官伸得。

娥皇略一愣，右手已伸出去，手背滑过庆奴脸颊，捏了一下庆奴耳朵，权作惩罚。

娥皇自嘲：我这右手从今日起解禁啦。

庆奴只不表态。娘娘的右手是否从此解禁，不单娘娘说了不算，庆奴说了同样不算。

那么，什么东西说了算呢？

青春肌肤说了算。肌肤敏感到毫毛。

要躲避娥皇的右手（牵连左手），要盯她红唇，要遗忘耳朵……总之，有近侍李煜夫妇资格的通房丫头庆奴，平日里连连犯错。恰好在她犯错的地方，娥皇得以显示大度。

日常细节多，不消细述。总之，庆奴对娥皇，渐渐有些亲近了。

郑王妃不拿架子，遇事不挑刺，对丫头不偏心，言语行动倒像侍女们的大姐姐。有女孩儿脱口叫她娥皇姐姐，她笑吟吟答应了，并且吩咐说，日后只管这么叫。庆奴是一直称"王妃娘娘"的，叫着叫着，那娘娘二字，竟也有姐姐的意思了。这可有点怪。她不是在或明或暗地抵触吗？抵触却是针对强硬之物，王妃处处温柔怜悯，于是她"抵而不触"，枉自使着拗劲儿。她拗得有些可笑哩。偌大的郑王府，上上下下皆服娥皇，庆奴一人无端不服，算什么事呢？庆奴悄悄撤掉了抵触，改抵触为抵抗：抗拒王妃的魅力。这位王妃娘娘，真是美得有些霸道呢，"纤裳鬓朵云高髻"也还罢了，偏是日常穿戴、举手投足也是韵味儿足，显露出金陵大家女儿气派。好像她的美才是大美，别的女孩儿全是小美。她跳舞，她谱曲，她诵书史，她用“点青螺”写王右军的行楷字，她扑蝶寻花荡秋千也是与众不同，更不用说她弹起那“宫中宝器”烧槽琵琶……唉，这王妃娘娘，叫人可望而不可即！别说郑王府，就是瑶光殿、澄心堂、绮霞阁，她也堪称鼎鼎大名哩。国主的千百嫔妃斗艳争奇，未必能够美过她。

美丽端庄吸附众人，娥皇就是这样。王妃二字诚然有光环，光源却在她自身。魅力、韵味儿之类，平时众人挂在嘴边的，眼下才瞧得实实在在。韵味儿如同空气，看不见摸不着，却比木石之物更实在。庆奴不禁揣摩起李煜的口头禅：静致远，虚致实……

庆奴过十五岁生日那天，头一回梳起了云高髻，在专门为她办的琉璃灯夜宴上大大露了一回脸。

小美向大美看齐了。

其实大美欲持存，也得学着各式“小美”。庆奴噘嘴挺好看的，呈现出她的特殊风情。娥皇有意无意间也要噘噘嘴了、也要顿顿足了。庆奴暗喜，越发模仿着王妃娘娘的端庄。

小美大美互相学习。谁在营造着良好的学习环境呢？谁是那位罩着大局的、毫不显山露水的人物呢？

庆奴细看娥皇的端庄时，发现这“端庄”颇奇特，里边藏了不少东西。娥皇捋发丝，挠挠耳朵或鼻孔，甚至开怀大笑，香舌乱颤，竟然并不有失端庄。

李煜结婚前有个浙东产的“竹夫人”，细腻光滑，形状可人，长四尺多，竹窟窿有掌形有腿状，线条起伏更如女子身体。夏季，李煜搂“她”睡觉很舒服，秋凉不肯放她走，小庆奴取笑过他好多次哩。自从娥皇来了，竹夫人便挪到了庆奴的床上。

唉，宫中少女情状，竟是如此这般……

且说娥皇。

娥皇嫁给朝思暮念的钓鱼郎，贵为南唐皇室中的郑王妃，不用说是人生第一幸事，乐得半夜里笑醒。幸福如杯子满盈。可是宫廷不比一般豪宅，皇权显赫，"粉色如土金如泥"，娥皇的家族光环一下子减没了。她曾为钓鱼郎的门第担忧，如今想起来也觉好笑。真人不露相哩，一露相竟是南唐皇子！

父亲开玩笑说：倒是咱们的女儿钓了一条大鱼。

江边邂逅的那一幕，娥皇回味不尽。那午后的阳光，那跳跃的江面，那看似寻常的问答，那躬身向鱼篓，那袅袅秋风，那蜿蜒官道……自行构成了她的极乐之境，思绪碰一碰就要眩晕。幸福的源头竟是碰不得。娥皇碰过几次，领教了它的厉害。晕。

大江浑阔，天高云淡，天地间只一男一女。情爱的极乐世界，这是古往今来永恒的画图。幻境亦实境。人类情力之无穷，是朝着这个方向的，"自足的爱情让世界消失"。

娥皇入宫，"动手"组建她的生活世界。世界乃是动态的世界，"世界世界着"。世界的每一刻都在延展或收缩。

娥皇携带着自己的天资与习性，进入郑王府的日常状态。她这一入，当然是举足轻重。一潭清水被她荡起了别样涟漪。夫妻恩爱有目共睹。李煜是她的一卷大书呢，她刚翻了几页，已觉意蕴深厚，情节、细节多多。这书卷的厚度却是叫人留连的未知数。她同样是他的一本书，装帧精美的书，内容丰富的书……二人互相翻阅。

娥皇读李煜，读得满心欢喜。

江边的第一次接触很有道理，每一个感觉的毛孔都豁然洞开，那高度凝练的瞬间是足以铺向一生的。

情事开了头，爱意无时休。男人女人一旦爱上，将发生许多事，多得永远数不清。娥皇李煜又都"能爱"，潜力大，后劲足，情切切意绵绵奔向对方，一年年地"奔"不够。娥皇是既欢喜，又有警惕性，王府中的小美人儿，尤其像庆奴这样的，她留着一份心呢。庆奴小她七八岁，模样身段怪俏，随李煜多年了，伺候王爷颇"写意"，未见一丝刻板而事事周到。灵动的美少女，显然先是情动，然后才是手脚灵动。她竟然敢对王妃露出不恭顺的样子，后来才渐渐收起拗劲儿。

娥皇想：庆奴长成这模样，和李煜的"纵容"有关吧？

郑王府几十口人，没人活得忍气吞声，连厨子、杂役、老妈子都很自在。

娥皇在庆奴身上留了一份心，是有意拿这标致女孩儿做个试金石。庆奴十五岁后，若单论容貌身段，何尝逊于她当年？庆奴恋着她的郑王爷，府中几乎尽人皆知。

闲言碎语议论说：庆奴早晚要做侍妾的。

甚至有人说：庆奴已经是个侍妾了，只等待明确身份而已。

娥皇将信将疑。庆奴日日在她的眼皮子底下，有时单随李煜出宫去，却未见二人有异常的情形。庆奴是直性子，若与李煜有事，那喜滋滋的羞怯情态如何掩饰得住？

动情的女人就是嫉妒的女人，娥皇与庆奴互相嫉妒呢。庆奴费了很大的劲才摆正自己的位置，拿青眼去瞧王妃。做王妃的，则努力消除对庆奴的猜疑。

娥皇这么想：即使李煜和庆奴有过某些亲热光景，也是昙花一现，流星一闪。

嫉妒的女人目光细腻。庆奴唱歌，庆奴奔跑，庆奴入侍静悄悄……娥皇动了"统觉"呢，神经末梢总动员。庆奴房内的那位竹夫人，娥皇是早有耳闻。李煜用过的东西，庆奴日日放在枕头边，什么意思呢？

这一天她闲步过去，敲开庆奴的"闺门"，坐了庆奴的床沿，伸手拨那床中间的竹窟窿。庆奴顿时不开心，薄面涨成紫色。

娥皇顺口说：这竹夫人……

庆奴打断她：这不是竹夫人，是湘君。

娥皇笑道：你可知湘君、湘夫人的故事？

庆奴答：奴婢正读着屈平的《九歌》，有不懂之处，郑王爷教我。

娥皇趁势说：我能教你吗？

庆奴迟疑了，卷曲的长睫毛翻看着王妃娘娘，点点头，噘了嘴说：娘娘什么都懂，连字都比我写得好……

娥皇乐了：你的字也蛮好，你学褚遂良，有几分神似。

庆奴也趁势说：娘娘能不能赐我一支"点青螺"？

娥皇笑道：别说一支，三五支也行啊。

娥皇在意庆奴，庆奴在意娥皇，这是超越了她们的主仆身份的。

二人各抛各的情丝，编织着属于自己的那张情网。又相互窥探，较着劲儿。

娥皇试探几次后，对庆奴比较放心了。

小女孩儿情窦初开艳光四射，恰如红花自芬芳，绿水自逶迤，可是由情到欲，还差得远哩。"初开"开了多久，没人知道。青春也漫长。情窦里溢出的东西，化作日常举止，弥漫了少女的朝朝暮暮。

娥皇和李煜情投意合了，心心相印了，走了一段长长的探寻之路。情爱是个宝藏，欲望也有待探寻、开发，二者并不同步，有时还拧着，各唱各的调。情火和欲焰，有时烧不到一块儿的。娥皇触摸到钟隐居士的一颗禅心。禅境天宽地阔，一步步引导七尺男儿的血肉之躯，引向神清骨秀，而不是馋猫似的偷腥劫膻。

娥皇对神龛里的空王多了一份崇敬，对圆寂多年的文善禅师充满感激。

娥皇二十四岁，回复了舞蹈身材，受国后之命，领导一班瑶光殿的宫娥起舞，持彩练，飘霓裳，优雅复优雅，桃花面琵琶手，"一曲清歌，暂引樱桃破。"小范围巡回表演，北苑西苑，澄心堂，百尺楼，绮霞阁，国主国后惊叹不已。她还带着舞蹈队去了东宫，祝贺太子妃的生日，弄得李弘翼"感与惭并"。弘翼酒后竟哭泣，呼唤李煜的小名从嘉，打了幕僚的嘴巴……

李璟闻报，"龙颜大悦"，厚赏娥皇。几年前他于百尺楼初见娥皇，听琴观舞，"龙颜泛红"，赐宫中宝器烧槽琵琶。过一阵他就会问国后钟氏：娥皇在哪儿表演？

钟氏当然知道他的隐秘心思，只不道破罢了。钟氏命娥皇引领后宫嫔娥，原本有这层考虑。

金陵的上流社会传娥皇美名，冯延巳韩熙载等人如何按捺得住？接二连三地找理由请入宫，还要带上观摩团。李璟让这些老臣饱了两回眼福，随即下诏：郑王妃不得歌舞劳累！

瑶光殿的嫔娥们散了。

娥皇却正在兴头上呢，舞蹈之身歇不得。跳起来，唱起来，方有更多的领悟。南唐宫中多有汉唐残谱，娥皇挑灯推敲，续上了好几曲。而她最大的梦想，是攻破《霓裳羽衣曲》，再现那人间仙乐，那不可一世的富丽堂皇。周娥皇欲与杨玉环一争高下！

可是国主诏令下，娥皇郁闷了。

这一天，庆奴忽然带着几个王府中的女孩儿，清一色的无锡红舞鞋、天水碧纱裙，盈盈拜倒在王妃脚下。娥皇一愣，旋即笑道：想拜我做你们的舞蹈教习吧？请起，请起。

于是，王府中专辟了练舞厅，青砖墙上镶了几面大铜镜，四周一圈烛台。庆奴的腰腿原本有些功底，悟性又好，积极性又高，早练寅卯夜练三更的，还强拉姐妹们早起晚睡，俨然是个小领导。她走路也在比画，就地转几圈儿，学燕子在雨中翻飞，口中还咿咿呀呀。这媚劲儿迷倒众人，连李煜都放下书或笔，拿眼去追随她。娥皇发现了这一幕，隐隐有些不乐呢。

她想：小庆奴也学着妖媚了。

而情爱之发端矣，原是枝节无定岔道多，纵是清纯妖媚女孩儿，屁股一扭便奔妖媚而去。所谓少女情怀，原是闪闪烁烁，一会儿风一会儿雨。越是情烈，越能闪烁。庆奴虽是青春少女，却已恋了几年，跟情愫打交道是行家里手了。梦境常是粉红色，庆奴喜洋洋替下娥皇，和李煜成对成双。

初夏，国后钟氏由黄保仪陪着到郑王府，适逢娥皇的舞蹈队在练舞厅排练新曲，于是过去看了几眼，随口赞了庆奴几句。

李煜说：庆奴善舞，都快要赶上娥皇了。

庆奴得了这一句，立刻热情高涨，即兴表演独舞《采菱女》，模拟跳过小溪，身子摇晃颤动，足尖点了几回地。国后看得入神呢，说：足尖这么点水，有趣。

庆奴神采飞扬，娥皇却笑得勉强。黄保仪是最善于捕捉这一类微妙情态的，对国后耳语几句。钟氏微微一笑。

当天晚上，钟氏召娥皇到她的寝宫，婆媳闲聊，钟氏顺便提起庆奴，问这丫头是不是伶俐得有点过了。

娥皇说：我倒不觉得。

钟氏笑道：庆奴若伺候不周，叫她到我这儿来好了。

娥皇说：庆奴跟随郑王五年了，屋里屋外很周全，挪动庆奴，郑王恐不习惯。

钟氏说：你这么大度，我也就放心了。

娥皇回府后，细思国后的"大度"二字，越发对庆奴上心了。主仆二人处得近，无人在侧时，竟显得别扭。主仆身份悄然退场，少女少妇亮到前台。

这尊卑有序的地方，偏是人性能够伸张，不独是李煜营造的小气候使然，更有南唐生活局面的背景支撑。

女子可以昂扬，北方殊难想象。

南人打不过北人，南方的生活气息却明显强于北方。

娥皇与庆奴暗暗地、不自觉地斗艳，横竖斗不出刀光剑影。这是为什么呢？盖因李煜毫不经意地罩着大局。仁慈而优雅的男人，生活趣味纯正的男人，既规定"品位"，又营造着朴素的民主气氛。这也叫郑王府的无为而治，没有专制、独裁。

历史长河亦翻血浪，血腥催生了它的对立面：佛门慈悲。从南北朝到南唐，和尚道士何止千万，城市与山林，庙宇宫观数不清。李煜植根于历史情景中的佛教情怀，禅境向往，今日之学者当能细察……

人类的善良天性至高无上，犹如人类的审美创造至高无上。

娥皇是善良的，庆奴也是善良的。也都是唯美的，能爱的。二艳相斗无大碍，倒是越斗越唯美，越斗越能爱。

到仲夏时节，庆奴与娥皇竟互相爱起来了。

黄保仪是有心人，她把国后欲召庆奴、娥皇又如何劝止的事儿在王府中传开了，庆奴大为感动，不禁伏枕哭了一场。娥皇只消一句话，她就得搬出郑王府，不得近侍李煜的饮食起居。别的侍女可能会视为莫大荣幸，对她却是灾难。三天不见她的郑王爷，她会枯萎的！花朵怎能离开阳光雨露？

庆奴感激娥皇，有事无事地往娥皇身边蹭，伺候周详不说，又学舞，学诗，学书法，学琵琶，学佛事。娥皇每日拜空王，总有庆奴随侍，娥皇合掌庆奴也合掌，口中还念念有词。

炎炎夏日多舒服，庆奴紧搂湘君睡哩，夜来得了好梦，翌日满脸生辉；满园子地蹦跳，忽而足尖旋转，忽而撒腿疯跑。连娥皇都有些纳闷：这丫头怎么这么乐呢？

唉，娥皇毕竟是王妃，幸福如春水流淌。拥有人间至情，且能落到实处，万千缠绵成常态矣，真是不消细说。庆奴却是可怜见的，恋着恋着……跑着跳着舞着唱着疯着，实是"情憨"所至。

这女孩儿天生有股说不清道不明的疯劲，借着由衷的感激，与娥皇日益亲近起来，直往娥皇身上蹭了，搂着娥皇叫了娘娘又叫姐姐，娇媚之状可掬。娥皇倒不烦她，洗澡换衣梳头，凭她伺候。李煜随父皇巡视南昌、武昌、湖州等地，往返两个多月，庆奴转入内屋伺候，越发尽心，让娥皇格外舒服。

秋夜凉了，庆奴顽皮，噘了嘴央求着，跑到娥皇的床上，要试一回那圣物般的苏绣衾珊瑚枕。娥皇只得由她。二人躺着说话，语声和着院子里的梧桐雨，一声声滴到三更。

第四章　走火入魔的故事

公元 937 年李煜初生时，南唐立国近三年，祖父尚在。他见过祖父用大铁盆洗脚的样子。夏天，祖父喜欢穿麻纱躺在普通的藤床上，摇着大蒲扇，讲那些征战的故事。李煜长大后，仍记得祖父沉重的叹息：那沙场的雄心壮志，那连年的攻城略地，祖父真是很厌倦了。祖父留给父亲的遗训说：

> 前朝失御，强梗崛起，大者帝，小者王，不以兵戈利势弗成，不以杀戮威武弗行，民受其弊，盖有年矣……

李昇六岁入寺庙，做过几年小和尚，对佛门印象深。他对攻伐由衷厌倦，其精神脉络，不难回溯到他的童年记忆。埋什么种子开什么花。李昇的南唐只雄踞江淮，凭借富庶与险要，拥兵自保，而无意图谋辽阔的北方。

南方大国有这个实力。

历史上的楚国自西周熊氏起，到秦灭六国，不是延续了近千年之久吗？

李昇临死前，还让长子李璟写下血字：切勿与北方争雄。

南唐立国的大政方针是明确的，清晰的。李璟打垮了闽国与后楚，有得有失；未曾主动攻击江淮以北的北周。周唐两国的三大战役，均是周攻唐守。

李璟大致按既定方针办，重生产，明法治，促文事，不称霸。不过国库积下的银子太多，他受帝王的惯性思维所牵引，跃跃欲试扩充版图。换句话说，他不图中原，却有称霸南方的野心。野心未能得逞，军力又分散，导致北方的强敌屡攻得手。南唐三十六州郡，数年间失掉淮南十余郡。长江、淮河的双重防线，现在只剩下长江防线。柴荣的军队进驻江北，虎视江南。

也许李昪的遗诏应当加上一句：集中军力，严防北方。

南人打不过北人，有很多历史记载。

妩媚的南方难敌粗犷的北方。

这也如同和平日久的北方难敌草原深处的游牧民族。

而文化的丰富多彩，生活的花样翻新，乃是同源同构的。

中原多战乱，北方的文人、僧道、商贾、工匠也纷纷涌入南唐，带着他们的书卷经卷、金银财宝和出色的手艺。

除了一流的军事人才、阴谋家，各类人杰向往着金陵。

女人们更不用说了，江北民谣曰："女儿魂，石头城！"

年年从江北偷渡到南唐的，多半是女性……

金陵城的大街小巷，豪宅民居，女人能活出女人的风采，男人们目光细腻举止温柔。酒楼茶馆的日常话题，罕有慷慨激昂剧谈杀伐的，这与汴梁恰好相反。汴梁人一说打仗就来劲，业余的军事演说家到处都是。南唐人则喜论佛事、文事、风流事，好吃的好看的好玩儿的，样样领导天下潮流，不独羡煞北人，就连吴越国、后蜀国、南汉国也不断派人来观摩取经。

南方的优雅。

或者说，南唐的优雅。

青年李煜深陷在与周娥皇的情爱中，巴望着一陷到底，爱它个不辨天日。事实上却不大可能。父皇带他巡视数月，引起太子弘翼的强烈不满。

李璟带郑王巡视几个重镇，是不是某种政治信号呢？不独弘翼猜疑，大臣们也有议论。冯延巳、韩熙载、徐铉等人都是向着李重光，对李弘翼有微词。他们和娥皇的父亲、司徒周宗还打得火热。这是一股不利于东宫的政治势力吗？

这个节骨眼上，恰好发生了一件事。

翰林学士徐铉年过半百迷上了小楷字，抄古书，写长卷，颇为得意。他常请李煜到他府中观书帖，论书艺，备下好茶美酒。李煜喜醉书，有时留一幅行草字或撮襟书踉跄告辞，徐铉拿这墨宝四方夸耀。二十三岁的李煜，书法已成一家，硬瘦苍劲，虬曲百端，犹在杜甫之上。卫贤、徐熙、冯延巳、韩熙载等人一致认为李煜的书法足以比肩晋、唐大家。而徐铉偏不这样评价李煜，虽然他对李煜下笔委实有些惊叹了：这是哪儿来的迥异前朝的笔底风云呢？

徐铉的字，十年前就号称南唐第一了，他可不喜欢别人比他大。李煜也不行。李煜填词盖过了冯延巳，风仪冠天下，又娶了江南头号佳丽周娥皇……徐铉心想：风光总不能叫李煜占尽吧？他的行书篆书草书，五十年的功力，怎能说不敌李煜？

徐铉有心比高下，李煜无意论输赢。但二人切磋书法投机，徐铉三天两头邀请李煜，高兴了，派车接来冯、卫、韩诸人，雅集也夹杂胡闹，里外动静大，惊动李弘翼……

这一天，徐铉又派管家候着宫门请李煜了，李煜带了庆福要走，娥皇过来劝说道：重光，你与大臣们交往一向谨慎，近来为何频频出入徐铉府第？

李煜说：我十五岁起就关在宫墙内，这两年方得了一点自由身，与大臣交流几桩文事，恐无大碍。

娥皇摇头：你是这么想，但别人会怎么想呢？冯大人韩大人，他们可是朝廷重臣。

李煜笑道：姐姐是担心太子吧？弘翼哥哥已今非昔比。

娥皇说：你多留一点心……早去早回吧。

李煜骑上他的灰马自去，庆福也骑一匹黑马跟着，一路出瑶光殿西侧门，随了徐铉家的车驾。那徐铉的老管家原是禁军中一员骁将，虽年迈，尚能力敌数人。徐铉行事仔细，派这管家御专车接李煜，也是预防不测。弘翼当年发暗箭刺李煜，徐铉愤怒，给皇上写过弹劾太子的奏章。

徐铉府在皇城西南隅，从宫中过去有一条"紫衣巷"，宽二丈，长四五里，骑马须臾可至。紫衣巷两边错落着豪门大宅，也有寺庙和几户寻常人家。李煜喜欢走在巷中听木鱼，听市井语，听高墙内那些陌生女孩儿的笑声。

时为孟夏的午后，金陵城刚下过一场阵雨。碧空铅云紫衣巷……李煜一袭白袍，缓辔而行。偶尔出现一两个巷中行人，他便拿重瞳去细瞧；行人近了，他笑着向陌生人问好。遇和尚要行佛门礼。人家若是不理他，他也不恼。更对庆福感叹说：宫外多好啊！

徐铉的老管家看行人，单看对方是不是"练家子"……

紫衣巷的尽头即是徐铉府，翰林学士徐铉早已拄杖等候在朱漆大门外，见了六王爷，弃杖趋前，行礼不迭。李煜翻身下马，执徐铉的手说：学士年高，不必屡出门外迎小王。

徐铉笑问：重光看我年高吗？

李煜随口戏答：知天命之年，万事洞明，如何不高？

徐铉的偏房姨太曾氏，满面春风地迎着李煜说：王爷青春年少，看学士自是年高了。

李煜说：学士正年富力强，庙堂书斋，俱称一代高人。至于我，辜负青春，年也不少。

徐铉说：她看你总像少年。还议论你的书法，说是胜我一筹。

曾氏红了脸，笑道：我这么说过吗？

徐铉说：先前你不是拿着六王爷的墨宝赞了又赞吗？我的得意小楷，你只瞟一眼。

曾氏叫声冤枉，却向李煜瞟去一眼。

据说，金陵豪门中的男人，以得到曾氏的一瞟为夸耀。李煜不知这一层，而徐铉心知肚明，佯装未见。徐铉有徐铉的考虑，曾氏有曾氏的心事……

近来李煜每到徐府，曾氏总会出现在左右，或奉茶，或侍琴，或捧轴，她说起杜工部王右军如数家珍。不足百日工夫她竟然成了点评字画的行家，徐铉诧异之余，掂量出她的隐秘心思，难免酸溜溜的，但不予道破。

作为两朝显赫学士，皇帝身边的红人，徐铉早已习惯凡事方方面面作考量。曾氏亲近文墨，亦是一桩好事；再者，无论什么漂亮女子，欲近李煜谈何容易！而豪宅接上王府，旧好添上新欢，却是南唐官场一常态。

文事，情事，官场事，此间搅在一块儿了。

李煜却单纯。单纯的人总是看见单纯。徐铉的好字，曾氏的殷勤，令他愉悦。徐铉于书房铺开纸笔写小楷时，李煜静立观摩，并未注意站在徐铉另一侧、频频瞧他的曾氏。

天色暗下来，铅云堆到头顶上，看情形又有阵雨。李煜告辞，打马紫衣巷，由徐府老管家驾车护送。走出里许，那曾氏竟驱车赶来，手上晃着什么东西，大呼郑王爷慢行。李煜勒住马头转身瞧她时，却有几个和尚向他靠近，其中一个拿木鱼的甚魁伟，忽然发力，掠过管家马车，于十步之外冲向李煜，大手抓他玉带。这玉带不是寻常物，是当年莲峰寺的方丈大师所赠。李煜的坐骑受惊，扬蹄嘶鸣。精瘦的老管家拔剑跳过来，却被三个亮出短刀的和尚围住，逼向巷内拐角处。

魁伟和尚大喊：好一条玉带，夺将来，做我镇寺之宝！

他大手再抓，抓了玉带在手，猛一拽，居然没能将李煜拉下马。庆福飞身抢来，从背后抱住和尚的庞大身躯，张嘴咬和尚背肉。和尚负痛，甩庆福几回甩不开，怒不可遏，拔出短刀刺向马背上的李煜。一面还说：劫了玉带佑我山门。

顷刻之间，紫衣巷嘶叫厮打乱作一团。

曾氏的马车冲过来了，她挥舞粉臂，形如山鬼，竟隔数米从车夫旁纵身一跃，扑向和尚拿刀的那条长臂。

曾氏以她胸下的肋骨，扑住了和尚手中的短刀，血染绿丝裙。

老管家拿出看家本领，刺倒一名和尚。其余几个秃头眼看敌不住，跑掉了。那魁伟和尚被庆福咬下一块背肉，拔刀负痛而走，却把刀插入倒地和尚的胸脯。

灰马上的李煜一愣再愣。紫衣巷重归寂静。这时下雨了，豆大的雨滴打在李煜的脸上，他下马扶起靠在墙边的曾氏……

薄暮时分，娥皇赶到徐铉府，对曾氏感激涕零。

曾氏只受了皮肉伤。她躺在床上，当着娥皇的面对李煜说：郑王龙章凤质，不知有多少女子愿为你赴死。

她又拉着娥皇的手说：天下女子之福，莫过于王妃娘娘。

她流泪了。

女人有此举，足慰平生矣。

该做的做了，该说的说了。曾氏心满意足，双颊赤红。她的手心里捏着一块东西，是下午李煜掉在屋里的佩饰。蓦然发现玉佩，赶紧拾了，追到紫衣巷，却吃那和尚当胸一刀……

这一年，曾氏二十六岁。

曾氏的故事在金陵城广为传播，好事者写入笔记、野史。她说过的话成了街头巷内数十载的流行语：走火入魔真舒服！

太子弘翼也走火入魔。

父皇带李煜出巡，东宫议论纷纷。有人说，李煜头顶上瑞云缭绕，王气很明显了；李煜所到之处，祥瑞纷呈，天朗气清，彩虹长悬……

弘翼吃不香睡不好。

父皇宠李煜天下皆知，一帮老臣又连年夸李煜多才而仁惠。弘翼沙场拼杀未建奇功，军中威望输给叔叔景遂。弘翼在金陵有势力，而父皇却要迁都到南昌去：朝廷议过好多次了。迁都南昌，是要毁掉他在金陵苦心经营的权力网吗？

公元959年的春夏，南唐太子李弘翼，被权力欲弄得寝食不安，患上了失眠症、妄想症、歇斯底里症。白日见鬼噩梦纠缠：龙椅就在咫尺，可他老是够不着。太子宫锦衣玉食如粪土，美女鲜花无颜色。三尺龙椅遮天蔽日，权力就是一切。

他又拿起屠刀了。两把屠刀，一把杀李煜，一把斩景遂。

而要命的是，他李弘翼真是不够狠：他还犹豫、矛盾。他还不能做到杀人如麻，取亲人性命如烹猪狗。于是就痛苦，日夜受煎熬。东宫有人招惹他，他轻则重杖，重则砍头。

太子妃如花似玉，且通情达理，欲劝弘翼，弘翼半夜对她吼。有一天，竟对和蔼的妃子大打出手，翌日又后悔，嚷着要自戕，刀削那只施暴手。太子妃抱他痛哭。他赌咒发誓要做个正常的男人，可是几个幕僚轮番做他的"思想工作"，又把他拖回失常的状态。

权力欲拨得他团团转。

有"理论功底"的幕僚进言说：历代都这样，为了黄袍龙椅，啥事儿不能干啊？生命是可以变成数字的，为坐龙椅睡龙床而杀掉几个人，"成本"不值一提。比之汉、晋、隋、唐，杀弟弑叔小事一桩。唐朝安禄山想做皇帝，把大半个中国拖进战火，七年，人口锐减三千万……李煜加景遂，纵然值得万条性命，杀掉也不可惜！李煜奇表奇才，没啥值得稀罕。皇帝后宫八千佳丽，生他一堆李煜。

弘翼听进去了，喃喃重复：生他一堆李煜……

于是下令，同时启动两套蓄谋已久的刺杀方案。并暗中调动军队，一旦有事，既要保卫东宫，又欲控制京师要害。必要时夺了父皇宝座，占领澄心堂，雄踞瑶光殿。

沙场拼杀调动起来的兽性，制造了迷人的"世界图像"。弘翼陷入兽性不自知，视兽性为人性之常。

他每日大呼小叫的，还"斗酒赋诗"，自提虚劲。

上苍叫他灭亡，先让他疯狂……

紫衣巷行刺李煜的魁伟和尚，原是太原人，诨名"武和尚"，系弘翼秘密网罗的死党之一。他刺李煜未成功，却按计划将同行的几个刺客刺死，隐名于东宫。东宫食客如云，很多人对自己的身份与来历讳莫如深。

武和尚失败了。另有食客携太子密令，星夜赴武昌。

李煜不相信自己再次遭到太子哥哥的暗算。那胖大和尚劫他玉带，也许本无意害他性命。双方斗杀，才伤了人命。李煜叫庆福收葬了那个死在自家人手上的年轻和尚，命宫中僧侣为他超度亡灵。其实疑点是有的：大和尚将短刀插入受伤的小和尚的身体，显然是要灭口。为何要灭口呢？为一条玉带，犯得着杀死兄弟吗？

李煜把这一层处理成盲点。提到紫衣巷险遇，他只说劫匪，不言刺客。娥皇欲将此事报与国后，让他拦下了。可是徐铉上了奏折，李璟下旨追查，当面质问太子。太子说：我已痛改前非，岂能再对重光下毒手？儿臣愿协助廷尉查个水落石出。

刑部也有太子的人。刑部派出去的廷尉查了一阵，无果而终。

这一天，李煜得到"结案"的消息，高兴地对娥皇说：我就说过嘛，弘翼哥哥再不会加害于我。

娥皇不表态，只说：你日后还是少出去。若有事，请从善派人跟着你。

李煜笑道：我到徐铉府去，莫非要让紫衣巷实施戒严吗？那多无趣。

娥皇说：何必你去？请他到宫中来就是了。

她抿嘴一笑，又说：你是惦记曾氏的美貌吧？

李煜说：她美她的，与我不相干。

娥皇说：我咋觉得有些相干呢？重光你数一数，这开春后你去过徐府几次了？若不是人家歌舞伺候，佐酒殷勤，媚脸儿招人欢喜，你会一听邀请抬腿便走？冯相国两次请你谈诗词，倒让你借故推辞了。

李煜摇头说：姐姐说话，也不是全无道理。但冯延巳居相位，徐铉为学士，我婉拒冯相国的邀请，是有所考虑的。至于曾氏歌舞佐兴之类，本属寻常。我亦一凡人，感其诚，观其艺罢了。她艳归她艳，我自有慧根。

娥皇感慨说：好，好，你能正视她的艳冶，倒令我放心。其实曾氏不仅是个艳字，她为你挡凶器，把性命都抛开了。又敢于当众挑明对你的爱慕，真叫人敬重。

李煜说：自古女子情烈，数不胜数。她们活得光芒四射，只可惜史籍扭曲了她们的身影。孔子轻视女人，礼教扼杀女人，又使她们千百年来雪上加霜。

娥皇笑道：自古好男儿，能掂量女人到这一层的，为数也不多。六百年前的曹子建算一个吧，他写《洛神赋》，纵情赞美女神。到今日，你李重光为女子雪中送炭，尊重她们的内心，难怪她们情不自禁向往你。依我看，你生得好还在其次哩。

李煜笑问：是这样吗？

娥皇说：我入宫这几年，明里暗里，见过多少爱慕你的眼神啊。别说庆奴秋水，就是乔美人黄保仪，提起你就夸。我还听说，金陵女子闺阁，以悬挂你的画像为时尚。

李煜笑笑说：那我日后出去，更须小心了。

娥皇趁势说：是啊，东宫那边，我们得留一份心。

李煜默然。他不喜欢说这个。淡淡的忧郁飘浮到他的眉目间……

娥皇收了话头，不忍心再往下说。

好好地说着话，忽然就不说了。娥皇真想伸手，抹去檀郎的忧郁。

李煜最不想说的，是哥哥魔性不改。

善良的人，总希望与善良的世界照面。

娥皇望李煜，望到他内心很深的地方了。

此一刻，叫作互为知己……

李煜是一团缓缓打开的褶皱，打开褶皱的过程像一支乐曲，娥皇倾听。也许她从第二乐章开始听，凭借她所听到的，猜想全部的乐章。周娥皇是李从嘉的生命旋律的倾听者，并把自己的生命融进去，形成合奏与交响。

娥皇嫁给李煜，当然要研究李煜，她用感性材料做研究，用日常情状做研究。进宫之初她陷入天赐般的巨大的爱的喜悦中，平等的爱，激烈而又缠绵细腻的爱，天下女子谁能拥有？杨贵妃也不能和她比幸福，唐明皇大杨妃四十岁呢。她倒比李煜大一岁，她既是姐姐又是妹妹，她还有点像妈妈。做女人如周娥皇，真是福莫大焉！女孩、女人的诸般角色她可样样不缺，样样饱满。嫁给李煜这样的男人，她恍若重返了闺中女儿身，嗬，她在女孩儿和女人之间自由穿梭。

娥皇的喜怒哀乐是和李煜连成片了，李煜喜，她亦喜；李煜忧，她亦忧。

次日李煜早起出去，傍晚才回来，脸色似乎不大开朗，娥皇问他时，他笑笑说：随父皇在光政殿与大臣们议事，累了。

光政殿是澄心堂中的主殿，李煜很少去那儿议事。

娥皇本想问：什么事儿议了一整天？

她把嘴边的话咽了回去。国后钟氏从不过问国事，对娥皇有影响。她虽然只是郑王妃，却对自己实际上的身份有某种敏感。父亲告诫过她：宫中很复杂，你要替郑王的处境多考虑。

李煜挂着几个官衔，大抵是虚衔，他宁愿待在郑王府。出宫仅限于郊游，行佛事，他连冯延巳韩熙载那些人都尽量少接触，婉言谢绝他们的各类邀请。今年春夏去了几回徐铉府，却于紫衣巷遭到和尚袭击……

新月初上，夫妇二人在园子里散步，庆奴远远地跟在后边。

这是深秋时节，月色带了寒意。荷塘里尚有残荷，一只白色大鸟低低地掠过，后面的庆奴"啊"了一声。

娥皇默不作声，她期待着李煜透露一点消息。

李煜望了一会儿月亮，果然发出轻叹：太子还是那样。

娥皇说：太子他……不会很过分吧？

李煜说：那倒不会，有父皇在呢。他一直防着两个人，首先是景遂叔叔，其次才是我。

当年景遂以皇帝太弟的身份入主过东宫，后来李璟改立弘翼为太子。景遂这人，也是不大想当皇帝的，离开东宫并无怨言。他带兵打仗有经验，军中威望高，所以李璟命他镇守军事重镇武昌，统领南唐的精锐水师。同样有战功的弘翼对此很不满，常发恶声。弘翼"刚果"，是个标准的武夫，李璟本不甚欣赏他，碍于一些大臣屡屡上书，要循古制立长子为皇储，他才让弘翼进了东宫。不过这两年，他不止一次对臣下暗示，景遂是继承皇位的最佳人选。景遂三十几岁，文武兼修，年富力强，唯一缺乏的是争龙椅的雄心。

李煜说：父皇今天又夸景遂叔叔，韩熙载竭力附和。弘翼咬牙切齿，竟拂袖而去。

娥皇不觉皱了蛾眉，长睫毛覆盖了一双眼睛，宛如几缕阴云遮住了月亮。

李煜携了她的素手，安慰说：看眼下的情形，弘翼不至于把我怎么样。我只是担心景遂叔叔。

娥皇说：万一景遂叔叔有不测，弘翼就会对我们……

李煜点头道：听大臣说，弘翼暗中调军队，有内乱迹象。江北后周的军队又蠢蠢欲动了。父皇愤怒，改紫袍为黄袍，命百官即日起称皇上。

娥皇喃喃：皇上，皇后娘娘……

夫妇二人交叉了手指，望那有云影的月亮。

庆奴慢慢走近，停在十步开外。娥皇扭过头，目光越过李煜的肩膀，朝身子修长的庆奴瞥了一眼。

情爱磁场无处不在。娥皇担忧着弘翼的嚣张，却又分神去瞧庆奴。庆奴十六岁了。她站在弧形的荷塘边，仰着脸，俏着五官，浑身裹着有寒意的月色，妩媚得难以形容。而在庆奴这一边，看娥皇也复如此。

月色罩着三个人，情力分袭两端。

居中的李煜想着弘翼在光政殿咬牙切齿的模样。

过了七天，李煜的预感竟得到应验：景遂叔叔被人毒死在武昌。

景遂平时酷爱踢球，踢得大汗淋漓时，饮水甚多。有人在水中下毒，毒死了这位被李璟寄予了厚望的大将军。

将军壮年死在"足球"场，不能再驰骋沙场，南唐举国震惊。可是下毒的人随后也消失了，案子无从查起。百官纷纷猜疑太子李弘翼，但没人在皇帝面前讲一句不利于太子的话。连韩熙载这样爱表态的人也是三缄其口。

权力充满变数的时刻，朝廷几百颗脑袋有着相同的朝向。

百官猜测的目光延伸到李煜身上了，他们悄悄议论说：弘翼猎杀的下一个目标，定是生有奇表、受父皇宠爱的李重光。

郑王府的气氛有些紧张了。

皇后钟氏下懿旨：郑王李煜、郑王妃娥皇不得擅出瑶光殿。

嫔妃们议论：当初皇后把李从嘉安排到瑶光殿是有远见的，不然的话，才华横溢的美男子性命难保。

黄保仪乔美人，到郑王府串门的频率更高了。她们不动声色地聊着日常的话题。而从另一个角度看，这不动声色就是动声色。平静的日常话语指向不平静的潜台词。

王府上下，无人提起东宫太子弘翼，可是处处有弘翼，有他那张出了名的刀疤脸……

娥皇抚摸檀郎的重瞳，想象着夫君的血光之灾，一阵阵地战栗；好好地躺着说话，却忽然就来了一股眼泪，流到珊瑚枕上。

李煜笑着说：弘翼他再狠，也不至于带兵攻入瑶光殿吧？姐姐请放宽心。不出去正好，咱们且过咱们的日子。十年八年地待着才好呢。卿卿我我，诗词歌舞，读书参禅，教导儿女，咱们有的是正事，赏心乐事。郑王妃梦寐以求的，不正是这样的日子吗？

李煜一席贴心话，说得娥皇破涕为笑。

李煜常在夜深人静时，走到室外的回廊上，凭栏伫立，良久不去。

他思念景遂叔叔。

他望空自语：弘翼，弘翼，你不仁不慈不孝，你做了皇帝又能怎样呢？你的双手沾满了亲人的血迹，你能心安理得地享受那至高无上的权杖吗？景遂叔叔是将东宫让给你的，你却在他身边安插亲信，把他毒死在他心爱的球场上，七窍流血，浑身乌青……

李煜在东宫也有耳目，他掌握的情报比一般官员多。耳目是母后为他布下的。耳目将情报传给庆福，庆福再报告李煜。不过，情报到李煜这里就终止了，他不上报，不外传，不向娥皇透露。事情不能复杂化。复杂化往往会导致节外生枝。

几天后，耳目传来消息，说太子弘翼脸色苍白神情慌张，在宫中野兽般的乱蹿，易怒，打人，歇斯底里，不知犯了什么病。李煜想：也许他毒死叔父心有不安吧。他暗暗祈祷：太子哥哥从此放下屠刀，立地成佛。

文善禅师讲过：人人皆有佛性……

可是就在李煜为弘翼祈祷的当晚，弘翼在东宫暴病身亡。

有传闻说，景遂的鬼魂没日没夜地纠缠弘翼，弘翼睡觉、吃饭、走路，处处见鬼。比如他躬身洗脸，景遂的面孔竟然在玉盆中随波晃动；他愤怒踢翻玉盆，水花溅起落下的声音像是景遂中毒后的痛苦呻吟。

活见鬼。鬼拿人。

弘翼毒死了景遂，景遂的鬼魂又带走了弘翼……

宫中哗然，百官失色，南唐民间流传着各种各样的故事版本。

叔父死在球场，哥哥死在床上。

李煜在空王的巨幅画像前长跪不起。欲哭无泪，欲呼无声。娥皇瞧着辛酸，她是王妃，得忍着，那庆奴、庆福可就不管不顾了，泪水越抹越凶，索性号啕起来。

郑王爷的双膝跪地生根，没人挪得动他。

这个南唐的慈悲男人，心里装着多少问号，期待着佛祖的解答呀。

公元 959 年，李煜二十三岁。幸福与悲哀从不同的方向浸润他、袭击他，合力锤炼他。

然而伤痛未消，惶惑又来：南唐太子的宝座为他空着，虚位以待。

李煜的几个哥哥，死的死，做和尚的做和尚，他这个老六居然要入主东宫，将来继承父亲的皇位。二十三年未曾想过的事忽然落到了头上。老六变成老大，哪本书上有记载啊？再者，这二十三年来，李煜的生存向度是背朝龙椅的。他纯真得像个孩子，却在一夜之间，要把目光转向政治和军事两个层面上的厮杀。操作层面的帝王术，严格排斥纯真与善良，李煜饱览史籍，岂不识这些东西？而他生活的广阔境域，他握在手中的实实在在的真善美，严格排斥龙椅这种权力符号。兵戈不息的年代，坐上龙椅要启动杀性的。让李煜这样的人去磨刀霍霍，不正是天底下最为荒诞的一件事吗？

二十世纪中叶的法国作家加缪讲：荒诞不在人，不在世界，而在人与世界的相遇。

十世纪中叶的李煜，迎面碰上中国帝王史上最大的荒诞。

他忧心忡忡，他失掉方向感，活像一只被拔掉了触须的昆虫，真是很无助啊，很可怜啊，娥皇也不能为他分忧。别人最想要的，李煜最不想要的，这就是当皇帝坐龙椅君临天下：成天讲套话，下圣旨，受约束，读不完的奏折，看不尽的人脸，打不停的算盘……真是活见鬼啦，晕了头啦，要出事儿啦。李煜得到这个“内部消息”的当天，脸色白一阵青一阵的。

娥皇倒比较镇静，面带动人的别样微笑。

其实她有分忧的妙计，却需要等待时间。她是姐姐呢，终于到了能为她心爱的弟弟分忧的时候了。

那李煜兀自昏头昏脑，像后世学者教授讲的“没主见”，可是什么叫有主见呢？二十几岁的李煜正是由于活得太有主见，于是他才没主见。爱一个人，写一幅字，读一本书，赏一朵花，放生一尾鱼……李煜很有主见。龙椅和围绕着龙椅的那些东西是他所陌生的，不想去搅和的，所以他不能判断。

这里的所谓“主见”，莫非是主流的偏见？

李煜弄不懂这个世界，他甚至看不懂娥皇的笑容。——有啥好笑的？你以为做皇后不累啊？六宫嫔妃与你纠缠……

恩爱夫妻五年整，碰上了突发事件，表情如此错位：李煜郁闷，娥皇微笑。夜来同床，李煜长吁短叹的，娥皇也不来倾听。倒是外屋的庆奴，一声声听得真切。

这一天，皇后钟氏带了黄保仪来到郑王府，看似闲步过来，聊聊家常，瞧瞧孙子仲寓。李煜娥皇陪着说话，庆奴庆福都在的。皇后环顾庭院说：这园子里的草木都染上墨香了，可惜你们要挪到别处去。

娥皇说：娘娘另有安排？叫我们挪到更华美的去处？

皇后含笑不语，默认了。

黄保仪笑道：那地方这儿可比不得。

娥皇微笑着，不复多问。李煜木着一张脸。

皇后一走，要挪地方的消息迅速在王府中传开了。庆福传得格外起劲，仿佛他即将升官似的。他提到一个字眼：东宫。却又赶紧捂了嘴。然而听者耳朵尖，早已一溜烟地传播去了。前些日子众人闻之色变的东宫，现在忽然变得很亲切。挪到那种地方，自然是人人都有好处，从气派、规格到日常用度，仅次于皇上的澄心堂啊。长期跟随李煜的人也不用提心吊胆了，倒是可以举步昂扬。谁不兴奋呢？王府上下，三五成群地谈论挪地方，连厨子都在展望那御厨房的光景。驾车的小厮更是开口闭口说御马讲辇车。小丫头老婆子个个笑逐颜开，其中有年初才来的秋水，那模样身段活泼劲儿，活脱脱是几年前的庆奴。所谓来得早不如来得巧，众侍女好羡慕！挪到那边去，侍女就摇身一变成宫娥啦，也许将来就升格成了宫妃啦……

众人真是好喜欢，却有一人噘了红唇不说话，皱了细眉不打开。这一位偏偏又是王府中的重要人物，一旦开口，一句顶十句的。下人们的意见正确与否，须由这个人来做终评。

这人是庆奴。

庆奴噘嘴，几重院子走来走去不说话，已经是个表态了。瞧她噘嘴的模样，可能接下来就有顿足……不过庆奴这个样子，大伙儿也不理解：她去了东宫，进身又强于别人，宫女当中她是要做领导的，有正式头衔的，将来的地位、身份更是不可限量。庆奴不开心，却是为哪端？

于是有人就说了：庆奴你是舍不得这郑王府吧？挪到那边

去，你会更风光！

话音一落，远处近处的十几双眼睛集中到庆奴身上了。盖因她噘嘴皱眉巡视半天，弄得大伙儿心里痒痒。

庆奴终于开口了，明是对一人，实是对众人。

这庆奴把眉一挑，说：乐吧，唱吧，跳舞吧。挪地方多好啊，挪过去的是啥地方啊？金碧辉煌压倒王公府第。出门高抬脚，言语有气派，亲戚朋友、猫儿狗儿都跟着沾光。可是你们知道不知道，咱们的郑王爷压根儿就不想挪！

众人傻了。庆奴显然是具有某种权威性的。

秋水不知事，笑问：郑王爷不想到东宫去做太子吗？

庆奴斥道：小丫头你初来乍到，管紧你的嘴巴。郑王爷何时讲过不想去东宫？

庆奴确实长大了，说话像娥皇，拿捏着分寸呢。

第五章　形变

公元 959 年，李煜迁入太子宫，开崇文馆招纳贤士，成为南唐皇位的事实上的继承人。正式的册立只是时间问题。

南唐的未来压在李煜的肩上。他曾向父皇建议，让通武略的弟弟从善担此重任，父皇不予考虑。立太弟尚有例可循，立幼子就说不过去了。

李煜无奈，只得抖擞精神学着做太子，读《贞观政要》，看《孙子兵法》，关注江北柴荣的动向，研究国内的农桑、贸易、赋税、刑律、户籍，揣摩朝廷复杂的人事关系。东宫有一批智者和饱学之士，他们组成了李煜的政治讨论班，几乎每天开会，有时热议到深夜。李煜定下一条规矩：谈完政治军事，再谈诗词文赋。宫中这批人，个个是文墨好手，丝竹行家。老臣徐铉常来开讲座，讲形势，他的做派是：口若悬河一个时辰，不多讲半刻，然后享口福，美酒佳肴，流连歌舞。酒醉色醉七八分之后，铺开纸笔，作醉书，画醉图，跳醉舞。李煜颇疑惑，问他个中奥妙，徐铉说：这叫快乐学习法，专门针对殿下设计的。李煜却被他弄得心痒痒，东宫邀请的嘉宾名单中本来还有韩熙载，让这位有心进取的皇储给划掉了。这韩熙载自视为汉初张子房一般的人物，却姬妾如云，白头发红脸膛，大步走路，笑声朗朗。他到东宫若是乱搅和刮"色风"，岂不是坏了规矩？李煜每于政事有不明之处，只上门去请教，不敢把韩老爷子延入东宫。

李煜努力完成自己的转向。他是孝顺爹娘的乖孩子，重任在身，岂能懈怠？可是他确实转得辛苦：向东活了二十几年，却忽然要面朝南。向祖父李昪看齐，学祖父开拓疆土的威猛劲儿，然而李煜记忆中的祖父是那位叹息沙场的老人……祖父，父亲，都不是心狠手辣之辈，老谋深算之流。祖孙三代人，从祖父辅佐杨吴、坐镇金陵算起，荣华富贵五十年了，血液流到李煜的身上，大大凸显了皇家的仁慈一脉。唉，问题就出在这儿。他骨子里是仁慈的，仁慈又与民主精神是近邻，培育皇权意识却需要独断，需要翻手云覆手雨的帝王术。再者，研究军事，首先要调动本性中受到严格防范的杀性，而李煜从小到大，紧紧伴随着母性与佛性，何曾有过半点杀性呢？他倒是厌恶战争，痛恨仇杀，鄙视阴谋诡计。仁慈、艺术、爱情，三种核心元素组建了李煜的全世界，这个佛陀般的极乐之境，却忽然要塞进阴暗的东西。

李煜的转向，真是勉为其难了。

不转不知道，一转吓一跳。

李煜的"形变"，充满了意想不到的痛苦。

他读史书揣摩汉唐帝王术，却每每翻几页便合上书，呆若木鸡，闷坐良久。这门"厚黑学"（厚脸皮加黑心肠），字里行间藏着沉积千年的宫廷阴暗。

阳光男人的目光，最能揭示阴暗……

幕僚们的面孔也在变化，他们胡闹归胡闹，说起文治武功却是有板有眼。李平、潘佑是东宫里的"鹰派"，欲与北方强敌争高下，遭到徐铉等人的激烈反对。双方争论不休，唇枪舌剑，有时各搬"救兵"，比如李平请来七王爷从善，徐铉请来宰执大臣汤悦、冯延巳，就战与和的大问题彻夜交锋。

李煜听得仔细，却大抵默然。

为了转向，李煜把吃奶的劲都使出来了，不到半年光景，人就瘦了一圈。他硬着头皮上。古往今来多少人求之不得的事，在他的眼中却如同茫茫苦海。他不入苦海谁入苦海呢？他不当皇帝谁当皇帝呢？初做太子他还糊里糊涂，由于事发仓促而来不及理清思路，只感到前途如深渊，脚下如薄冰。及至认真学着做太子、将来做南唐皇帝，深渊才向他显现了阴森可怕。他时常在梦中大喊大叫，鼓足力气狂奔，欲腾空而起，却跌下了万丈悬崖……

娥皇注视着这一切。

她真是心疼呢，却又按捺着。她有自己的打算。

秋天又来了，秋风秋雨秋花……李煜有时闷坐黄昏，凭窗无语多时。娥皇也陪他说话，却说不到点子上。

夫妻有点隔了，不如当年了。

李煜心想：毕竟娥皇只是个娇美女子，温柔体贴，能歌善舞。她和郑王李煜处处合拍，与太子李煜却显隔膜。当然这也不怪她。怎么能要求她留心国事呢？他都这么艰难，何苦让娥皇也来尝这份苦涩？

其实李煜对娥皇隐隐有期待。她不是姐姐吗？姐姐当能抚慰弟弟内心深处的烦恼。李煜在人前蛮有太子的风度，却是撑出来的风度。有苦难言，有郁闷不能倾诉。回寝殿面对娥皇，本欲多说几句，话一接茬又发现不甚投机。试过好几次，都这样。言语这东西，接不上就接不上。为何接不上？因为心思不对路。娥皇自移入东宫后，脸上始终浮着一层微笑，李煜弄不懂的神秘微笑。这是一种太子妃的微笑吗？是预备着将来做国母的微笑……娥皇兀自调整身份意识，找感觉，对李煜的烦恼视而不见吗？如果她一味寻找太子妃的感觉，那么，李煜最想亮给她看的内心冲突自会"显现"为盲点。

两口子面对面，一个郁闷，一个微笑。

偏是那西风越吹越紧，李煜提壶自斟喝闷酒也不是一回两回了。后来的名句："无言独上西楼，月如钩……"此间亦有类似的光景。两股大力从不同的方向拽他，要撕裂他。学习做皇帝，直如一叶孤舟驶入波涛汹涌的大海。多么无助啊。谁能帮他一把？

俏娥皇能帮他一把。

娥皇不愧是娥皇，"俏点子"层出不穷：她瞅着时机呢。自从嫁给李煜，她就关注着丈夫身上的点点滴滴。她爱得深，所以她看得细。她能爱，能怜，又"能看"。李煜的烦恼她如何不知？丈夫心里的大疙瘩、未来的大阴影，她若是不知不觉，她还配叫周娥皇吗？

她早有准备。弘翼死后，李煜将继任太子的消息传入郑王府，她这位郑王妃就开始盘算了。郑王妃变成太子妃，她亦喜亦忧，喜在面上，忧在心头。先丈夫之忧而忧……何况她兼着姐姐呢。以李煜的性格，他入主东宫后肯定会努力的，努力一阵子，又会碰上烦恼。努力愈甚，则烦恼愈深。李煜的烦恼不能对东宫的臣下讲，因为他必须撑着，像个未来的南唐皇帝的样子。他想对娥皇倾诉时，娥皇却是有意避着他。李煜说东她道西，有意言语不投机。

不错，她瞅着时机。

有几句能解李煜心病的要紧话，火候未到，她是不会说出口的。

什么话呢？

这一天西风烈，灰云低垂。李煜在东宫南侧的议事堂待了小半天，便打发了一群幕僚，只说头疼，自回寝殿歇息。灰云仿佛压在心头，西风好像要吹进皮肤。李煜信手翻着案头上那唐人抄本《贞观政要》，嘴上念叨着治世明主唐太宗，却突然想喝酒，想得十分厉害。他兀然站起身，以手扶头，抛下一句托词，走掉了。议事堂中的七八张脸愣了好一会儿。

李煜回寝殿，提了酒壶，过园子百余步，独上寝殿西侧的小楼。娥皇正与庆奴在回廊的拐角下围棋，她隔着几根柱子，远远看见了李煜的背影。

西风刮得老树弯腰……

李煜迎风把酒，转眼喝空半壶，裹在锦袍中的瘦削的身子晃了几下。呼呼的风声令他爽快，他需要这种狂放的节奏。

"何以解忧？惟有杜康。"

周娥皇悄无声息地上楼了。

她的衣裙有熏香，佩环亦有轻微的响动，而李煜浑无知觉。他所看到的听到的，只有不羁的西风。

万顷波中得自由……眼下方知，自由是多么高不可攀。

李煜喃喃自语：自由之难，难于上青天！

娥皇立于他身后缓缓道：却何妨，向不自由中觅自由。

李煜闻言吃了一惊。扭头看娥皇，竟像是换了一个人似的。她的嘴角依然含着神秘的笑意，却是双目灿然。西风到她跟前变成了春风。

李煜说：如何向不自由中觅自由，请夫人教我。

娥皇从他手中拿过酒壶，笑道：进屋坐下说吧。俗话说醉里乾坤大，壶中日月长。你饮酒比那刘伶阮籍如何？

李煜摇头说：不如。

　　娥皇说：他们狂饮了一辈子的酒，心里还是憋着。你独自到这儿来喝过几次酒了，感觉怎么样呢？

　　李煜想了想说：饮酒时痛快，酒醒之后，好像更为郁闷。

　　二人说话间已进屋坐下，屋里有个未布蚊帐的朱漆大床，宽七尺，长丈余，是李煜的祖父当年睡过的。祖父戏称它"巨榻"，契合他的军人气魄。此间娥皇向床榻深施一礼，然后脱鞋上榻，盘腿坐于床头，李煜也盘腿坐了另一端。夫妻练习过打坐参禅的，盘腿很容易，一二个时辰腰腿不酸。瞧娥皇今日的架势，大约有一番"隔席"长谈了。她还亲手点燃了几处炉香。唯美的女人，要让她的周遭时时刻刻升起美妙……

　　窗外风声紧，灰云变黑云，山雨欲来风满楼。

　　李煜闭目片刻，娥皇含笑望他。

　　李煜睁眼道：姐姐请讲。

　　娥皇笑道：你知道我有话说吗？

　　李煜亦笑：别卖关子啦。

　　娥皇说：你独自上楼饮酒，必是心中有烦闷。我试着说几句，看能不能为你解解闷。

　　李煜说：何以解忧？唯有娥皇。

　　娥皇启齿微笑：能做檀郎的解忧美酒，妾身也何幸！

　　娥皇的解忧话儿尚未说出口，楼外却下雨了，横风疾雨直欲折断那棵老棕树。而娥皇端坐于床，美目隐隐含笑，一侧脸儿在黑暗中，一双纤手搁在平放的腿上。风雨晦暗倒给她添了别样韵致，李煜走了神，不觉往前挪了。

　　娥皇说：殿下的千忧万虑都是应该的，毕竟南唐三千里江山，将由你一人做主。你每日进取，苦苦思量，以至于寝食不安，借酒浇愁，我都看在眼里呢。重光你是什么人？娥皇我是什么人？你不想做皇帝，我又何尝想做皇后？但这一层且撇开，我们是不得不撇开呀。这些日子你有多累多苦，娥皇掂量着呢。听我一言：你是求上进的心太切，误将远虑认作近忧。

李煜正色道：何谓远虑，何谓近忧，请夫人说端详。

娥皇说：那我问你，父皇今年仙寿几何？

李煜说：父皇四十有三。

娥皇说：父皇仁慈，龙体康健，你继位之日遥遥无期，何苦要没日没夜地赶功课？

李煜说：我这急性子……

娥皇说：你不愿意辜负父皇与百姓，诚意可嘉。可是你上进心切，则是由于你对自己不放心的缘故。你担心今日做不好太子，将来做不好南唐皇帝，所以你给自己下猛药。结果如何呢？古人云：欲速则不达。比如该用十年做的事，你想一年半载就做完它，既累坏了身子，又不见多大成效。

李煜叹息：姐姐一番话，叫我茅塞顿开。可知你平时为我操心，不露一点痕迹。姐姐美貌多情，又如此识大体，叫李煜一生敬重！

李煜向娥皇深深一揖。

娥皇按下激动，含泪接着说：重光，你从王子跨向太子，这一步走得太艰难。明知与本性相背，却还要硬撑着走下去。你承担了自己的命运，我怎能袖手旁观？我背着你读《汉书》《贞观政要》这些书，向皇后娘娘、向我父亲请教先朝与本朝国事……以后你每往前走一步，别忘了有一个娥皇在努力为你分忧。

雨势渐弱，风声依旧。盘腿坐于巨榻之上的夫妻默默相向。

良久，李煜缓缓道：烈祖泉下有知，当鉴娥皇忠心。

此后数日，李煜回思娥皇的话，越想越有道理。

而娥皇选择的"进言"时机，可谓恰到好处。如果她提前两个月讲出那些话，李煜大约只听听而已，引不起足够的重视。李煜的内心冲突很严重了，一个人躲起来喝闷酒，她才抚慰他，款款娇语点拨他。小楼风雨黄昏，娥皇的坐姿、面容和语音深深刻进了李煜的心。犹如当年在长江边她初启红唇……娥皇竟然悄悄读《汉书》！她是向往着文帝、景帝的无为之治吗？抑或也对武帝的将略兵谋感兴趣？

总之，李煜朝着未来的皇帝登程之日，娥皇已经在路上了。未来的南唐皇后，不仅领导后宫，也要暗助君王。

以她的聪颖好学，多闻多思，努力会有结果。

而且，重要的是：来日方长。

李煜做太子，二十年三十年说不准的。父皇会引导他一步步参与国事。

李煜调整了思绪，不复"恶补"政治功课，心放宽了，看那些文治武功的书反而时有所悟。不喜欢的东西你可能永远都没法喜欢，但你会慢慢地去适应它。这大概就是娥皇说的：向不自由中求自由。唯有弄潮好手，方能够"万顷波中得自由"。李煜对自己早年写下的得意句子有了新解。

夫妻二人互相激励，携手向前。娥皇与时俱进哩，李煜往前挪一步，她岂能走半步？历代宫廷后妃，拖后腿、乱搅和的多着呢，娥皇岂能混迹于她们？娥皇娥皇，娥中之皇……未来的南唐皇后将领导瑶光殿，暗助澄心堂。娥皇眼高哩，寻常宫闱女子岂在话下？她要比试的，是那位"云想衣裳花想容"的杨玉环。爱情这一层，把杨妃给比下去了。而品德这一面，她更在杨妃之上：娥皇也有哥哥，可谁是那杨国忠式的大权臣呢？娥皇的父亲、大司徒周宗，倒是在她做了郑王妃之后"退居二线"，及至她戴上太子妃的小凤冠，父亲只在家中品香茶打哈哈而已，并未顺竿而上，重返宰执的行列。爱情，艺术，生活，三者足矣，她苦读《汉书》，揣摩文帝景帝；用小楷书写《贞观政要》，花前月下追思盛唐，想那些男人们才想的事儿，她为啥呢？只为她心爱的檀郎。

研究国事，乃是情事的延续！

陆游《南唐书》称娥皇“通书史”，不是随意用这一个“通”字的，懂一点书史不为通……

这个雨丝绵绵的秋天，这个天高云淡的秋天，娥皇之美有如杯子满盈，有如她的云高髻鬟朵妆，她的身材，她的步态……天性中她是柔中带刚的，阅读男人的经典又使她越发添了阳光的气息，目光与往日不同了，语音与昨天有异了，江南女子柔柔的美目、软软的语音仿佛融入了几许北国的情调。沉思上了俏脸，爽朗布于眉梢，干练与明快连接了她的举止和语音……日日跟在她身后的庆奴竟有些看不懂，庆奴对人说：太子妃换了一个人似的，行动言语，越发有味道了。

什么样的味道呢？庆奴噘嘴想半天，找不到相应的词。不过庆奴总归是庆奴，她也用点青螺写起了《贞观政要》……

娥皇身上新添的韵味儿，李煜是明白“出处”的。古有“女中尧舜”的说法，从春秋战国到汉唐，昂扬女子多矣。而舜帝的妃子偏偏又叫娥皇，舜帝巡视南方累死在途中，他的两个妃子，也即尧帝的两个女儿，娥皇和女英，泪洒湘妃竹，相拥投入湘江的万顷波涛。娥皇若不是深爱着舜帝，焉能纵身一跃？

周娥皇若不是深爱着李重光，焉能朝夕琢磨南唐国事？

哦，江南妩媚女儿，亦能英姿飒爽！

深爱招呼着深爱，这一对天造地设的人，爱意入了骨髓，弥漫在红墙绿树间。

中国历代皇宫，这样的爱是凤毛麟角。

第六章　断手梅花

　　冬季的这一天，李煜巡视京畿归来，到澄心堂觐见了父皇，复去瑶光殿，问了母后的安，然后匆匆回东宫寻娥皇，他有喜讯告诉她。近几日，他带了几个大臣外出考察农事和铸铁，沿江访问村落，去了著名的冶山，去了采石矶。回金陵城时铅云低垂，北风呼啸，粗识天文的李煜知道，将有一场有利于庄稼生长的好大雪。南唐各地连年丰稔，百姓衣食有余，赏心乐事多多。

　　寝殿里却不见娥皇的身影。李煜问庆奴，庆奴也不知太子妃到哪儿去了。秋水说，娘娘好像往西侧小楼那边去了。

　　李煜过园子上西楼，吩咐秋水备了酒菜送来。他这随口一说，庆奴不高兴了。嘴唇朝着李煜一噘，白眼却向秋水斜过去。秋水年幼不知事，倒觉得庆奴翻白眼好玩；一面答应着太子爷，朝厨房走去，那身段步态，岂不是几年前的庆奴？

　　庆奴木了一回，轻轻一跺脚，快快走开了。

　　娥皇果然在楼上。她也不带丫头，一个人凭栏，又进屋，盘腿坐于先帝的巨榻之上，合了掌，闭了眼，于焚香中默念，祈祷明年的南唐风调雨顺，五谷丰登。李煜循香而入，蹑手蹑脚地上榻，坐到她对面了，她竟然没察觉。

娥皇默念了一番，睁眼看见床榻另一端的李煜。

李煜笑道：夫人禅心入定，境界很高啊。

娥皇说：我也曾听到轻微的响动，以为是冥冥中有人前来。殿下几时回宫的？

李煜说：刚回来。几天不见，怪想念的。

娥皇说：我也是。

二人相视一笑，话头便从彼此的思念挪开。李煜把这些天巡视京畿的所见所思，细细地说与娥皇听，从兵器说到庄稼，从庄稼说到岁入。娥皇凝神倾听，不时插上一句。秋水送了酒菜上来，好奇地望着盘腿坐于榻上的太子爷和太子妃，抿嘴一笑。她点燃烛台下去了，走到门口又回头说：要下雪啦。

李煜举杯说：瑞雪兆丰年！

娥皇笑道：南唐好光景，把酒迎玉龙。

李煜随口道：娇娥动冰心。

娥皇说：殿下也是一条玉龙。

李煜笑道：玉龙把盏，倾倒玉壶。

娥皇点头道：一片冰心在玉壶。

夫妻二人喝空了杯中酒。

楼外，北风刮得玉龙舞。下雪了。

雪落无声，人语款款。

明朝携手踏雪寻梅……

这一刻，李煜望着娥皇，举杯说：天祚南唐，国运长久。姐姐当初一席话，让我拨云雾见青天。

娥皇嫣然：我可没有那么大的能耐，略表忠心罢了。

李煜说：日后你也放宽心，不必为我太过操劳。听庆奴讲，我外出之时，你曾经彻夜诵书史……不必如此，往后的日子还长呢。歌舞琵琶，鬓朵新妆，美酒留连，也是一桩桩的正事。《霓裳羽衣曲》专等你的大手笔：续唐人残谱功莫大焉。

娥皇笑道：婢子遵命！

李煜说：今夜喜初雪，明天弄一场丝竹如何？

娥皇大喜：婢子技痒多时矣。

公元十世纪的五十年代末，南唐太子李煜，在经过了一次艰难的转向之后，对未来充满了信心。他才二十几岁嘛。父皇四十多岁，正年富力强。南唐的军队虽然败给周世宗柴荣，失去淮南，却保有江南，千里长江防线固若金汤。

李煜作此盘算，是有道理的。柴荣在短短的几年间三征南唐，终于止戈于长江，眼望滔滔巨浪和千艘南唐战舰而叹息：北周与南唐，各安天命吧……

北边的狼群疲惫了，没招了。而北边的北边，契丹人抓紧时机壮大队伍，勾结北汉屡攻后周，虎视汴梁。柴荣的大军三攻南唐，其实冒着大风险：北人善骑射不习水战，长江他攻不过去，又怕失掉中原的大后方。于是，这位史家称颂的雄主不得不调整他的攻伐战略。淮南十四个州已被纳入他的版图，鱼米供给源源不断，他也知足了。

周世宗三扑南唐，咬下了大块肥肉，牙力却也用到了极限，欲吞掉南唐这样的江南大国很吃力了。他改变了战争指向，挥师向北，要集中军力平定北方，收复石敬瑭献给契丹人的燕云十六州。这一战略意图，后人屡加赞叹：以周世宗陆上用兵的实力，收复燕、云，击溃辽国是完全可能的。而契丹人被赶到了大漠深处，将大大减少北宋的边患，不会发生后来的"澶渊之盟""靖康之耻"。

周世宗转戈北指，南唐人松了一口气。南唐皇帝李璟又开始输金求和：以金帛换和平。

周世宗文韬武略俱佳，是十国时期的一匹巨狼。

巨狼身边，潜伏着几匹更为凶悍的狼……

三十九岁的周世宗柴荣，北征契丹，染病而还，死在了汴梁。他年仅七岁的儿子柴宗训继承了皇位。消息传到南方，南唐、吴越、荆南、南汉等国紧张了。

幼主立，权臣起。

那几匹狼眼睛绿了。

狼群的首领名叫赵匡胤。

赵匡胤在柴荣手下统领强大的禁军，备受器重与信任。而连年征战，又使他在军中威望甚高。他有一批随他南征北战的死党，当时号称"义社十兄弟"。这还不算他的亲兄弟赵光义和首席智囊人物赵普。

在汴梁城外四十里的一个叫作陈桥的地方，赵匡胤趁集结重兵抵御辽兵的好时机，发动兵变，黄袍加身。一般史家认为，辽兵打过来的消息是赵匡胤的手下谎报军情，蓄谋制造兵变。赵匡胤成功了，改国号为宋，仍以汴梁为京都。后来宋人撰国史，谎称宋太祖赵匡胤是迫于部下的压力勉强坐上龙椅的。

赵匡胤有野心。柴荣待他如亲兄弟，希望以心换心，以恩宠换来忠诚。五代十国数十年，虽然是刀枪混乱、虎啸狼走，但义字也是军人们常用的符号。为什么呢？因为义字有它的"衍生空间"。这样的符号能蒙住许多不可一世的男人。武人与武人之间，义气是管用的：非此不足以拉队伍，或在队伍中拉帮结派。赵匡胤是研究义气的冷面专家，看清了这个字眼的正反两方面。他是有学问的，研究过刘邦、刘备，以及唐末以来的各类草莽英雄。

草莽英雄起四方，却被有文化有眼光的英雄定格为草莽。

野心加眼光，加出龙袍来。赵氏家族一穿就是三百年。

不过赵匡胤的野心也是有限度的，有分寸的。对周世宗柴荣，不能说他没有忠心。柴荣不死，他的野心就属于潜意识，未必上升为篡夺后周江山的意志。柴荣猝死，幼主可欺：巨狼撤下了一只小狼。禁军中的舆情也对赵匡胤有利。野心陡然膨胀开来，可能他自己都有点始料未及：意识形成念头的速度赶不上潜意识。

陈桥兵变，黄袍加身。

兵变而未死一个人，"市不易肆"，京师百姓暗暗称幸。江山改姓，生活如常。

赵匡胤做上了大宋皇帝，继续研究野心，推己及人，盯上了他的难兄难弟。于是有了"杯酒释兵权"的经典故事：他手下的几个老将在酒宴上乖乖地交出兵权，回老家享清福。当年刘邦对韩信就用过这一手。

宋朝抑武崇文的国家战略，由此发端。

刘邦识不得几个字，而赵匡胤读了不少书。

刘邦有张良，赵匡胤有赵普。赵普是个奇人，行军打仗也随身带着千卷书，对赵匡胤启发甚大。

赵匡胤拿掉义社兄弟的兵权，起初也有迟疑，下不了手。毕竟他长期在军中营造义的氛围，身上沾了些义气。这说明他对野心的研究还不够彻底。又是丞相赵普点醒了他，使他下决心让几个功勋卓著的老部下灰溜溜地解甲归田。

赵匡胤废幼主做皇帝，迅速改变了周世宗的攻伐战略，挥戈向南。他不打北方的契丹人，转攻东南方的汉人，使北辽得喘息之机而坐大。到了宋太宗征契丹，就被契丹人打得丢盔卸甲，太宗本人也身中两箭，忍辱签订了"澶渊之盟"。草原上的狼群呼啸百年，终于演变成女真族的铁骑，横扫北中国，马踏汴梁城。

宋太祖剑指南方，有得有失。

赵匡胤是周世宗之后的另一匹巨狼，狼眼盯上了南方。而在这匹巨狼的身边，伏下了一只恶狼……

五代十国如两晋，武人称雄。柴荣、赵匡胤的手下，狼故事多：

公元956年，柴荣征南唐，破南唐军于正阳东，杀人无数。"伏尸三十里……是时江淮久安，民不习战。唐人大恐。"

公元963年，宋军打荆南（今湖北一带），前线将军李处耘让士卒吃掉几十个肥壮的俘虏，并且变换吃法，煮，炒，烹，军营中弥漫着人肉的气味。吃不下人肉的宋军士卒，倒有立刻变成人肉的危险。于是纷纷狂吃，瞪圆眼，发恶声，"还原兽相"。有还原艰难者，兜肠子狂吐，当场"吐死"。李处耘的绝招是：再放走几十个见过人肉大餐的黢面俘虏，故意让他们狂奔四方传消息。这样一来，荆南举国恐慌，面如土色的人们奔走惊呼：宋军吃人啦！而李处耘的"吞俘虏战法"，在南北诸国迅速传开，闻者无不呕吐。百姓大惊恐，儒生捶胸顿足，有武人试图仿效。李处耘这个人，在陈桥兵变中为主子献过计立过功。他发明吃俘虏，敢想敢做，敢立"奇功"。他为何敢想敢做、敢于实施骇人听闻的战法？谁在纵容或默认他？

公元964年，宋军攻打孟昶的后蜀，拿下了成都，连月烧杀抢掠。蜀人奋起反抗，宋廷增兵镇压愈甚。一个叫王全斌的宋军主将，兽性大发，于夹城内狂屠蜀军降卒二万七千人，登上了五代十国的杀戮排行榜。赵匡胤虽有不满，却未下死命令以约束前线将领。将军调动士卒的兽性以壮军威，以励士气，皇帝往往是默认的：士卒拼着性命攻下一座城，不搞烧杀抢，似乎说不过去。

098

其间有兽性的逻辑，有原始战争的印记。

赵匡胤平蜀之后，也没有严惩王全斌的记载。这耐人寻味。

李煜做上南唐太子的这一年冬，金陵和汴梁皆是屡降大雪。而雪景殊异，人事不同。

李煜携娥皇于太子宫踏雪寻梅，红男绿女，与狂舞的雪花、怒放的梅花合着律动。何须弄丝竹？天地奏大乐。他们的儿子仲寓三岁了，满园子跑，仰面嗷嗷，吃下几片雪花，大兴奋，奔向爹妈……娥皇并不溺爱仲寓的，任他撒欢。庆福庆奴逗他玩，一群人在手上传递他，他乐得咯咯笑。阁中烤鹿肉，从善带来一坛洛阳名酒，乔美人黄保仪恰好过来碰上了，捋了衣袖，割腥啖膻，划拳行令吃酒，一时好热闹。午间雪停了，树梢房顶全是雪，而阳光、雪光、面孔的红光、衣饰的彩光，放射着"生活世界之光"。

庆奴折了一枝梅，献给她的太子爷。梅在她的玉手上，仿佛一枝花映衬另一枝花。乔美人惊羡她腕如雪，她藏了手，乔美人反让她褪下红袄儿，将手臂亮给李煜、娥皇，叹息说：除了太子妃，这是我见过的最漂亮的玉臂了，手，腕，肘，臂，肩，皆是无可挑剔呢。

阁内烧着炭火，酒香追逐鹿肉香。李煜拿着梅花，也瞧庆奴那双手。庆奴虽是害羞，却忍不住说：当初郑王爷夸过我的手呢。

李煜笑着说：我何时夸你？倒忘了。

庆奴说：五年前在瑶光殿，奴婢随郑王爷去百尺楼的路上。

她想：当时还没有郑王妃呢。

李煜想起来了，说：那一日是重阳节，母后带宫外命妇赏菊，我去了钟山，匆匆打马回来，后来遇上太子妃。

掌典籍书画的黄保仪随口吟道：重阳成佳偶，百年作美谈。

庆福说：恐怕千年都不止哩。太子爷胜过李白杜甫，太子妃的才貌压过赵飞燕杨玉环。

李煜笑道：庆福信口开河。

从善说：可惜我当时在别处，未能一睹盛况。

庆奴睁大眼睛望李煜，显然希望他再说点什么。红梅花在他手上呢，是从她好看的手中传过去的……她惦记着五年前的那一天，记忆与他相合了，可他说的是娥皇。

记忆指向同一天，各有各的侧重点。

庆奴不甘心哩，复又伸出纤手，替李煜拿着那枝梅花。她想：传过来了，待会儿又传回去……

庆奴和她的太子爷传递梅花，漂亮手腕在空中略一停顿，兰指翘翘的，心儿颤颤的。令她遂愿的，是李煜复瞧她手腕，说：庆奴的手配着身段五官，更显韵味儿。

庆奴喜得面一红，说：我算啥，太子妃的手才好看呢。

娥皇笑道：太子爷夸庆奴，庆奴倒夸上我了。庆奴，让我也瞧瞧你的手。

娥皇将庆奴的一只手握了，细瞧那皮肤纹理、指头关节。黄保仪笑吟：纤手握玉指，冬雪两花枝。

娥皇回头，命秋水拿来一款绿莹莹的昆仑玉镯，替庆奴戴上，笑着说：你十二岁伺候郑王爷，如今十七岁了，正是如花年龄。这玉镯是命妇进献之物，赏与你吧。

庆奴喜得脸通红了，盈盈拜谢。

红脸儿，白腕儿，绿玉镯。

庆奴感到有些奇怪的是，刚才娥皇以右手抚摸她的手，她并不反感。她的手和太子妃的手相提并论哩，娘娘的玉镯还戴到她的手腕上，意味着什么呢？预示着什么呢？

此间雪呀梅的，连同正午的阳光，烤熟的鹿肉，皆向"手世界"妩媚蜂拥。

手撕鹿肉大吃特吃，庆奴也捋了衣袖，与庆福、秋水等人斗酒，吃吃笑，连连嚷。那七王爷从善看侍婢这边热闹，也走过来行酒令，一面学黄保仪吟咏：庆奴千金手，本王喝它百杯酒！

温暖的阳光，通红的炭火。

赵匡胤有个宠妃叫金城夫人，杭州人氏，吴越王钱氏献与宋太祖的尤物，十五岁到汴梁，十六岁入选坤宁宫，逾年，明眸皓齿照人，几获专宠。赵匡胤到北苑猎雪豹也带着她，僚属赞她美貌，一个个搜索枯肠。开封府尹赵光义也加入赞美皇妃的行列，却希望金城夫人为皇兄献上一束梅花。这漂亮女子翩翩入梅园，正伸手摘梅枝，却被五十步外的赵光义一箭射死在梅树下。赵光义射杀金城夫人后，旋即拜倒在皇兄马前，声称自古红颜祸水，皇兄欲图天下，切不可沉迷美色。一群臣子皆附和，齐齐跪下"谏君王"，说金城夫人媚惑皇上，死不足惜。唯赵普不动声色，赵匡胤脸色铁青但始终未发一语。直觉告诉他：赵光义这个杀人动作的背后有许多动作。

金城夫人卒，年仅十七岁。她死了，京师盛传赵光义调戏她遭到拒绝，于是恼怒，射杀她，灭了她的口，又以跪谏的方式"加固"了一批党羽……

赵匡胤对京师的议论不置一词。

他居于万岁殿，昼夜想问题。赵普问他想什么，他笑而不答。

不久，他和另一宠妃之间发生了一件事。

宠妃是北方的佳丽，洛阳人氏，姓唐名梅，宫人称她梅妃。

她身高六尺多，长腿长臂，端正而婀娜，人又活泼，招人喜欢。她摘花不用踮脚，随时献与君王。

这一年好大雪，赵匡胤带御史、将军、翰林学士赏梅花，梅妃照例随侍。万岁殿的后苑有个梅岛，池水环绕着大片梅花，腊梅未谢红梅又开。赵匡胤过小桥由梅妃挽着，暗示她有望获殊宠。宋宫女人，数字庞大，获殊宠者寥寥。梅妃二十出头，挽着三十几岁的赵匡胤，后者面黑，体壮，身高近八尺。赵光义走在兄长的身后，戴个幞头，束玉带，穿皂靴，亦是面黑，个头比兄长稍矮，体胖，身形阔大，脸上有几道横肉。面容清瘦的赵普位居宰相，却落在开封府尹赵光义的后面。

三个权力顶端的男人踏过小桥走向梅岛，有画工作图《开国君臣赏梅图》，图上另有梅妃和一个小黄门（太监）。

图画中的梅妃，穿着大红披风，圆润而修长的右臂挽着腰挎宝剑的君王。她浅浅地笑着，面如春花。也许她在想：不定什么时候，她将升为贵妃呢。

雪落无声，行人笑语。

赵匡胤很高兴的样子，一度揽了梅妃的腰，揽给几个臣子瞧。恩宠如斯，更无疑焉。梅妃由衷地笑着，并未注意有御史大臣对她侧目而视。

一个将军与赵光义交流眼神，仿佛说：刚射杀了金城夫人，又补上这个梅妃。而太祖当众示梅妃以殊宠，什么意思呢？

赵光义的小眼睛骨碌碌转⋯⋯

小黄门走在赵氏兄弟之间，面无心事的样子。

赵匡胤立于雪花中，遥指一处对梅妃说：那枝梅好生照眼，替朕摘将来。

梅妃道一声贱妾遵命，红披风已夹风裹雪，向皇上手指的地方欢快奔去。长长的手臂伸向高枝，摘下君王看中的照眼梅花，转身奔回，披风舞得雪乱……

赵光义用鼻腔表示不满，哼了一声。将军谨慎附和，听上去像蚊子哼哼。

赵匡胤感慨说：朕征战四方，得一梅妃足矣！

那小黄门上前一步，斗胆谏曰：皇上雄才大略，威加四海，不能单为一个梅妃吧。

赵匡胤怒道：阉人也来胡说！

御史说：陛下息怒。阉人未必胡说，还请陛下思量。

赵匡胤转而怒视御史，御史并无惧色。赵光义和那将军两边瞧着。赵普望着碎步奔来的梅妃。

赵匡胤也扭头看梅妃，表情起了微妙的变化。

梅妃献上鲜艳的梅花，凝望宠爱她的君王。赵匡胤却突然拔剑，砍断了她的右手，握着花枝的手落到雪地上，鲜血流淌，绘成一幅梅图。

梅妃惨叫。赵普动容。

小黄门扶她走开了。她一路低头踉跄，凄风惨雪，像朝着地狱奔去……

赵匡胤对臣下厉声道：尔等听好了，寡人志在天下，岂为妇人所蛊惑！

接下来继续赏梅花。皇后袁氏带着几个妃子嫣然而来。

这件事很快传遍了汴梁，百官议论，褒贬不一。将军们的意见比较一致：皇上真乃一代雄主。

赵匡胤暗中下旨，对失去右手的梅妃厚加抚慰，赐以金帛。翰林学士们小范围赞美说：皇上仁慈，但砍手也是必要的。

却有民间画师怜惜梅妃，画下《断手梅花图》，传于市井，摹本若干。赵匡胤闻说后一笑置之。黄袍加身以后，他显示大度，明确表示不治臣民的言论罪。后来，更以家法的形式约束皇室成员及其子孙……

赵匡胤挥剑断梅妃手不久，又在后苑用柱斧柄敲落了一个谏臣的两颗门牙。这天春阳初暖，林园百鸟翔集。赵匡胤在林中转悠，用弹弓打鸟，十发九中，死鸟伤鸟一大堆……正打得兴起，有个不晓事的谏臣偏来奏事。赵匡胤很不耐烦地听他讲完了，说：你所奏之事也不是什么大事嘛。谏臣说：虽然不是大事，却大于陛下弹鸟。赵匡胤大怒，拿柱斧柄敲他嘴巴，敲出了一个洞，两颗门牙飞了。这谏臣也了得，遍地找牙，找多时终于找到了，用绢帕裹了。赵匡胤冷笑：你收起牙齿怎地？你要告发朕吗？

谏臣缺齿"漏风"，却凛然道：小臣无处告皇上，自有史官记下今天发生的这件事。

赵匡胤仰面大笑。

事后赵普找他谈话，关起门来"批评"他。他接受了，觉得自己从谏如流像唐太宗。

赵普对外讲话，维护他的形象，说天子断梅妃手，敲落臣下门牙，两件须分开谈，前者显示了皇上远离女色的决心，后者方法上虽欠妥，但皇上由此思过，鼓励谏臣言事，实乃大宋之福。

赵普这么讲话一石二鸟：既引导宋太祖，又巩固了自己的权势。

朝廷传言"二赵相争"，明指开封府尹赵光义和宰相赵普斗，暗指赵氏兄弟相争。到后来某一天，雪夜里上演了一出神秘血案……

这一年，《断手梅花图》传到金陵宫廷，庆奴观图，骇而后喜：她漂亮的手腕上戴着绿莹莹的昆仑玉镯呢。她永远记得冬季那一天，梅花欢喜腕如雪。

第七章 争艳

李璟四十六岁死于南昌。时为公元 1961 年，太子李煜二十五岁。

李璟迁都南昌，认为南昌的地势比金陵更险固。迁都之议酝酿已久，大臣多有反对者。李璟力排众议迁到南昌去，命李煜以太子监国的身份留守金陵。不料居南昌仅半年，竟一病归西。

李煜、娥皇的如意算盘落空了。

本以为居东宫会有相当长的一段时间，然而命运之神另有安排。李煜在突如其来的悲伤与惶恐中，战战兢兢坐上了龙椅。

宋太祖赵匡胤派专使到金陵，祝贺李煜登基。

李煜作《即位上宋太祖表》，自称臣子，"上奉天朝"。

十月，宋皇太后去世，李煜派韩熙载到汴梁吊祭。此前李璟的葬礼，宋朝也派来了一吊祭的特使。

北宋与南唐的"友好往来"不断。双方各打各的算盘。赵匡胤要打南方，采取的是先易后难、先弱后强的战略步骤。何时打南唐，他并没有一个确切的时间表。打荆南、后蜀、南汉（今广东一带），将耗费国力多少，损兵折将多少，他也不清楚。

后蜀、南汉都不好打。战争充满了变数。而南唐的军事实力还在这几个国家之上。

赵匡胤的"南伐时间表"上,南唐是排在最后的。所以他要搞外交,对李煜表示亲善。李煜则对"天朝"尽量显得毕恭毕敬,不断派人送去金帛。汴梁来了宋朝的使者,李煜穿紫袍出迎。宋使一走,他又换上黄袍,以示皇帝尊严。宋帝给他定的称谓是江南国主,而南唐臣子多叫他皇上、陛下。宫中的嫔娥,混叫也可以。

赵匡胤"凿大池"训练北方水师,李煜置建长江上的龙翔军。

李煜搞军备只求保境安民,这也是他的"祖训"。

外修贡奉,内施仁政,是李煜的治国八字方针。

他悄悄强化南唐的军事机器,皇城内又辟出一个颇具规模的练武场,绿树掩映着战马扬起的尘土。冶山深处的铸铁场,各式兵器塞满了武库。而在长江上游的武昌,一支庞大的舰队已纳入了扩军计划,下游的金陵一旦受到威胁,十万水师朝发夕至。南唐名将林仁肇亲提水师坐镇武昌,他是李煜的心腹爱将。赵匡胤曾屡与他交兵,占不得丝毫便宜。江南江北,林仁肇三个字对普通百姓也是如雷贯耳。他是赵匡胤的一块心病,是李煜暗拒"天朝"的一个筹码。

李煜的弟弟李从善自幼沉迷于军事,李从善是南唐对付北宋的另一个筹码。

先皇李璟曾经灭闽、楚二国,却是得不偿失,又导致兵力分散,自顾不暇。与北周柴荣战于淮水,三战皆输,失州十四,失掉极宝贵的淮水防线。李煜接国玺于颓势中,这是他必须面对的基本国情,他并不糊涂,他能够辨认自己的执政空间。南唐要有一支强大的军队,而这支军队唯一的宗旨就是保境安民。

江南富庶，北边的狼群垂涎已久。李煜不断往汴梁送去贡品，以金帛换和平。他送出去的东西还得超过吴越、荆南。南唐的财政收入，送金和养兵花去大半。这一送一养，是李煜登基后定下的国策，既讨好"天朝"，又随时准备着抵抗外敌入侵。李璟在位时也如此，但李煜更明确。

李煜对北宋屡战屡胜的虎狼之师，始终是防意如城。

他也是勤政的，史书记得明白。和大臣们议论国事，有时通宵达旦。南唐这么大的一个国家，内政外交错综复杂，如果李煜是个只知享乐的昏君，社稷焉能持久？在他的领导下，南唐的政治、经济、军事，长期运行平稳，没有发生内乱，也没有发生类似先朝的宋齐丘、冯延巳两大集团的明争暗斗。

试想一下，如果没有江北持续的军事高压，那么，南唐的富庶将会持久，朝廷与市井的生活将会花样翻新，一如后来宋仁宗时期的生活世界。

即使"性刚果"的李弘翼不死，他做南唐皇帝，南唐的国运将会怎样呢？也许更糟糕：和北宋硬拼，只会死得更快。

换成赵匡胤治南唐又会如何？他能打破历史惯例、以南人之柔弱长期抗衡强悍的中原吗？楚国历数九百年、广袤五千里，不亦被霸秦灭掉了吗？

李煜施仁政，"尝亲录系囚，多所原释"，亲自跑到监狱里讯问犯人，重罪从轻，轻罪释放。善行的背后是一颗由来已久的仁者之心。在他的治下，酷吏是没有前途的。他在位时间长，统治偌大的国家却居然很少杀人，在为数众多的皇帝看来简直是笑话。秦皇汉武杀人如麻，他们才是皇帝的榜样，明帝，清帝，追随者众，有过之而无不及。

如果李煜大搞铁血统治、狂敛民财以强化战争机器，那么，南唐可能多撑几年。

然而铁血这类字眼，如何与李煜挂钩？

谁能改写他的仁惠天性而代之以杀性？

谁能修改他的遗传基因，重新塑造他的童年、少年、青年时代的生存环境？

李煜做皇帝一年多，渐渐理顺了国事，绷紧的神经稍稍放松了。他适当调整了澄心堂的办公时间，忙里偷闲陪娥皇。娥皇已生下第二子，取名仲宣。仲宣的小模样，似乎兼有李煜夫妇的五官特点，咿呀学语如女孩儿，娥皇爱得不行，几乎忘了长子仲寓。

深深的母爱写在娥皇的脸上，阳光灿烂的面孔犹如闪烁着月光。

五月中旬这一天，在瑶光殿的寝宫里，娥皇亲小儿子，嗅他的乳味儿，幸福得眼睛发亮。李煜在旁边感动着，却佯作吃醋的样子，说：自从仲宣生出来，我就成了缺爱少怜的家伙。哦，还有仲寓！我们父子二人，真是可怜见的。

娥皇瞥他一眼，说：有母后的恩宠，有南唐百姓对陛下由衷的爱戴，娥皇分一点心给可爱的小仲宣，不行吗？

娥皇亲仲宣的小鼻子。

李煜馋在一边。

夏日午后静静的，庆奴悄然而至，立在一根圆柱后面。

庆奴十九岁了，神采趋于娴静，少女的顽皮不复露出来。她近侍李煜七年多，宫娥中很有资格了，当然也有苦衷。从一朵蓓蕾到鲜花绽开，从小女孩儿到大姑娘，她一直待在李煜的身边，既幸福又苦恼。她放弃了在后宫做女官的机会，只因她不肯放弃伺候李煜的幸福。瑶光殿很大呢，若叫她挪到别处去，离开皇上的日常起居，她可是一万个不愿意。宫娥们以为她近水楼台先得月,岂知她正为此苦恼,又装作不苦恼的样子。不错,这一年年的,庆奴得的是水中月!甚至有宫妃观察她的肚子呢。庆奴如何不恼?她是天性激烈的女孩儿,她寻思:皇上为何对她日益鲜亮的容颜视而不见呢?皇上也喜欢她,却分明不是男人对女孩子的那种喜欢……她入宫太早,十二岁就被定格为李煜的小妹妹,形同亲妹妹。唉,这格局一定便是七年,庆奴竟是动弹不得!倒是新来的秋水,因离皇上远些,反而与皇上有几缕男女亲近的光景。秋水长进快哩,那舞蹈跳得,那琵琶弹得,那衣饰鲜得……庆奴当初妒娥皇,现在转而妒秋水。

庆奴常想:皇上对皇后,真是很专情哩。

见多识广的庆福也赞同她的意见。

此刻,庆奴立在圆柱后面,嗅到帷幕之间飘浮着的浓浓的情味儿,万岁爷一家子其乐融融。

庆奴无端迎来了一阵心跳。她把头靠在圆柱上。

宫中清纯的女孩子大抵如此:情之生长也蓬勃,可惜只开花不结果。宫女长到庆奴这年龄,也还是一朵芬芳四溢的无果之花。

年复一年的憧憬,情花处处开,花期也漫长。——历代宫女的生存情态,大约如是。

"白头宫女在,闲坐说玄宗。"

庆奴与李煜,年复一年的"授受相亲"。伺候李煜沐浴更衣,她要背过脸去的。背上却有一双眼睛……可归根结底,她不过是想象罢了。

李煜对她们,为何仅限于欣赏?百花园中他只采摘一朵花吗?

李煜如此钟情于娥皇,究竟是为什么?

盛唐杨玉环之美迷倒唐玄宗,"六宫粉黛无颜色",不过,杨妃之所以能够专宠，还是耍了一些花招，打压唐宫佳丽。白香山叹息说，选入唐宫的佳丽们"未容君王得见面，已被杨妃遥侧目"。

娥皇领导南唐后宫，并无压制诸艳以获专宠的迹象。获专宠颇容易，专宠二字便失去分量。

如果李煜是拈花惹草之辈，不负责任之流，娥皇就会面临着艰难的考验了。而李煜的"责任意识"又从何而来？这意识宛如一条源远流长的暗河，因而在大脑中并不显现？

眼下，这绵长的夏日午后，身绵绵，意绵绵……庆奴在宫中闲逛，阳光从浓郁的枝叶间照过来。小宫女们见了她，远远的行礼呢。她们忙着捣衣、浣纱、晾晒书画、擦拭器皿，笑一回说一阵的，叽叽喳喳。

庆奴登假山荡了一会儿秋千，也乏了，闭目片刻，脑中暂呈空白。

秋千正对着瑶光殿西室，西室是娥皇的居所。娥皇的居所就是李煜的居所，从郑王府到太子宫，再到瑶光殿西室，一直是这样的。可是黄保仪说，先皇并非如此……

十九岁的庆奴，试图想清楚一些事情。

庆奴想：娘娘入宫好多年了，已生下两位小皇子，却与皇上恩爱如初这是为什么呢？

庆奴平日照镜子，会盯着嘴看。有时不知不觉，将镜中的唇看成娥皇的唇。幻觉真舒服，幻一回想下回，直到不须凭借铜镜。

此刻，浓荫下秋千上的庆奴，闭目享受一刹那，唇动眉动，笑意如一潭春水荡开。

却有人故意咳了一声，庆奴未睁眼时先皱眉。

来人原来是秋水，穿了白纱裙，鬓边插一朵玫瑰，脚下是一双无锡红舞鞋，踏着青石板路上来的。秋水含笑说：庆奴姐姐……

庆奴打断她：不是叫你帮着翰墨阁晒书画吗？

秋水说：这会儿已经收起来了，皇上说过，夏日晒书画，不可太久。

庆奴下秋千，瞧她脚上的红舞鞋，说：你穿这鞋到处跑什么，你可知多少银子才能买一双？

秋水敛了笑：下午要排霓裳大曲呢，我特意来寻姐姐。

庆奴皱眉头，问：排大曲，我咋没听说？

秋水低了眉：娘娘吩咐的，命我转告姐姐。

秋水立在秋千架旁，个头已比庆奴略高，身段整齐不说，那唇儿不抹自红，唇线弯得有趣。红口白牙有如娥皇……

庆奴伸个懒腰，挺直了，斜睨秋水说：你今年多大了？

秋水回道：十六了。

庆奴奇道：你不是刚过十五岁吗？

秋水笑道：过了十五岁，就在十六里头了。

庆奴伸手点点秋水的额头：你巴巴地望着十六岁，啥意思啊？二八小娘子想出嫁？

秋水红了脸说：谁想出嫁呀？我才舍不得出宫去哩。姐姐都二十岁了，待在宫中还这么乐！

庆奴眉一挑，斥道：蠢丫头不识数，谁说我二十岁了？你索性说我三十岁才好呢！

秋水低头申辩：姐姐是在二十里头了。

庆奴气红了脸，说：娘娘、万岁爷都说我十九岁，你小小秋水倒好，一口一个二十岁。你挂在嘴上过瘾啊？

秋水不作声了，悄悄翻眼皮，瞅那呼呼生气大红脸儿的庆奴，不禁想：我巴不得大，她倒巴望小……

二人下假山，往教坊方向走去，日头略偏西，照着万千花树一双丽影。秋水在前庆奴在后，有些含混的主仆意味：秋水带路……教坊靠近澄心堂，有一箭之遥呢，二人只不说话，单闻舞鞋、绣花鞋在青石板上起落的声音。庆奴踮脚走路，个头比之秋水，从稍矮变成了略高。这是她的“老本行”了：当初欲与娥皇比身高。现今复与秋水比，堪堪地比将下去了。乔美人讲过的，秋水近年身量蹿得快，两年好几寸呢，眼见是蹿到顶了，腿骨也就那样了。腿直腰细背如薄墙，庆奴何尝不是这样？庆奴一直是宫中舞蹈队的领舞，娘娘以下便是庆奴，轮不到秋水呢。

庆奴踮脚走颇爽快，那秋水听出来了，回头恭维说：姐姐走路也练啊，怪不得回回做领舞！

庆奴一愣：我练吗？

秋水笑道：姐姐走路脚尖用力，那一年跳采菱舞，脚尖点地，颤颤身儿，太后娘娘夸你呢。我也琢磨要学着姐姐，踮脚怪俏！

秋水说话间，脚已踮起，生生高了一二寸，还走动几步，旋转了一圈，纱裙舞东风。显然练过的。

庆奴噘嘴道：秋水，你小小年纪想做领舞不成？

秋水忙道：不敢！

庆奴启齿笑了：谅你也不敢。皇后娘娘定过规矩，领舞非庆奴莫属！你要等到节庆领舞那一天啊，还得孝敬我几年，到时候我自会“传位”给你。

秋水一栗，望望左右说：传位这种话，讲不得，讲不得。

庆奴乐得仰面而笑：哈哈，你小秋水，你是不懂咱们的皇上，很不懂！我告诉你，宫中没啥讲不得。我以前还叫过他李煜呢。当然啦，我能叫，你不行。别的宫娥通通不行！

庆奴边说边做手势，很有领导风度。叫秋水仰慕得紧……

秋水忽然说：庆奴姐姐，你说话的嘴型真好看。

庆奴一愣，转而笑道：好看吗？莫非你想吃我嘴唇？

秋水摇头：女孩儿之间如何吃啊？将来自有男人来吃，黄保仪乔美人是这么说的。

庆奴斥道：什么臭男人，我才不稀罕。

秋水应道：姐姐说了不稀罕，就不稀罕。无论他啥样男人，一概不稀罕！

庆奴高兴了，却说：少啰嗦，走吧。

秋水开步走了，不复踮脚，那细碎步子，袅娜身子，如八月秋风。

庆奴兀自"走得高"，很神气。瑶光殿一群色艺俱佳的女孩子，谁不服从她的领导？秋水就算心气高了，还是学她模样，走路踮脚。庆奴是皇上跟前的庆奴，是西室耳房的庆奴，和皇后娘娘暗中斗过艳哩，斗不过，她虽败犹荣！谁能斗过赫赫有名的娥皇呢？

教坊近了，红墙内传来几个宫娥的欢笑……

转眼到了七夕，李煜过生日搞起了排场。这是他登基后的第二个生日，做皇帝颇有些信心了，于是想铺张一下，朝野同庆。娥皇顺他心意，却建议将寿庆的重点放在内廷。外朝的官员们只在澄心堂行大礼、献寿礼，宰执、尚书、将军、学士，以及来金陵的各地军政大员，都一应安排在澄心堂，仪式限于两日之内，与先朝的七日不同。至于民间，则由百姓自发庆贺，朝廷借此可以观民意。

娥皇进言，李煜同意了。

李煜琢磨庆典上的新花样，却故意瞒了娥皇，要显显自家身手。娥皇指点教坊大曲，亲自做领舞，命庆奴“次领”，担当二号角色的意思。眼看快到七夕了，各处的仪式筹备紧张，娥皇想让李煜透露一点创意，她好统筹安排。李煜笑着说：七夕前二日，你就知道了。

娥皇嗔道：坐镇澄心堂的人，行事还像个孩子。

李煜说：朕要改改皇帝做派，既能日理万机，又能心情舒畅。

娥皇用土语说：看把你给能的。

李煜笑道：有姐姐助我，夫复何愁！

七月初五一大早，瑶光殿西室的宫娥几乎全都不见了，庆奴很紧张，问皇后娘娘。娥皇说，皇上有奇思妙想呢。庆奴转问李煜，李煜点她鼻头说：这回朕有大动作，叫你和娘娘都吃一惊。

庆奴噘嘴说：奴婢还想吃两斤哪！

到正午时分，宫娥们纷纷回来了，各自手中拿着上等的天水碧纱、彩色锦缎，内侍们则抱着许多三寸大小的微型宫灯，从西室到东室，忙碌起来。庆福早已指挥工匠栽木桩，一共栽了八十一根，又将裁好的碧纱铺上去，缀上数千小宫灯，偌大一片天给遮住了，代之以人工的天河，碧浪起伏，繁星闪烁。

娥皇庆奴傻了眼。

庆福很得意，因为他是寿庆大典艺术工程总指挥。今夜彩排……

比庆福更得意的，当然是李煜了。他携了娥皇东走西瞧，在宽二十丈、长百余丈的“碧空”下徜徉，恍如漫步仙人洞天。娥皇脸上星光灿烂哩，映照一双美目流盼，李煜对她窃窃私语：到了七夕，那杨玉环在鹊桥之上，定然嫉妒你的姿容。

娥皇喟然叹曰：她倒未必妒我本人，是妒我的檀郎远胜于

114

她的唐明皇！

二人肩并肩走到洞天尽头，灯火阑珊处，不觉相偎相依。

李煜的杰作，就叫"锦洞天"。

娥皇平素醉心于时尚，容易给人留下奢华的印象。其实不然，她倒是主张节俭的。这一层李煜不如她。

李煜生于超级富贵窝中，王子，太子，皇帝，荣华富贵与生俱来。他七夕过生日搞排场，以上百匹天水碧纱、苏州锦缎弄出一块"锦洞天"，缀以人工的天河月宫，满天繁星，绚丽，璀璨，逼真。

这一天来了，瑶光殿丝竹齐鸣，美酒直把天河灌醉，宫中不拘贵贱，上上下下狂欢了一回。娥皇领舞霓裳大曲，扮月宫嫦娥，长袖舞向寿星兼檀郎，暗比那冥冥中屏气观望着的杨玉环；庆奴"次领"，表演那只灵动可爱的玉兔。秋水踮脚"的溜溜"旋转，众娥随她起旋风。流珠轻唱：晚妆初了明肌雪，春殿嫔娥鱼贯列……

台下坐着的王公贵戚、站着的杂役仆夫，数百人欢声雷动。

喝得半醉的庆福佯装大醉，歪歪扭扭向"寿皇"报告：金陵城爆竹响彻几十里！南昌，九江，武昌，湖州……今晚皆有庆典！

这京城外的庆典，却是内务府总管庆福的个人行为，李煜正在兴头上，也就认可了。庆福转而向娥皇汇报，娥皇只一笑，并不表态。

生日过后数日，娥皇才委婉地告诫李煜说：锦洞天，有一次就行了，明年若再重复，难免乏味。陛下此番祝寿，固然可以做做排场，以弥补去年七夕的草率场面，南唐的百姓恐怕对此也有期待。往后则不必形成铺张的惯例，比如一曲歌，一幅画，宏大繁复是美，简洁明快也是美。婢子一番话，愿陛下听取一二。

李煜笑道：姐姐言之有理，我日后注意。

娥皇说：库府中的金银，一年年地送往汴梁。后宫若不带头节俭，只怕下面层层仿效奢华，遇上灾年，民受其害。

李煜沉吟片刻，说：七夕庆典后，有几个大臣联名上奏，要在宫内盖一座什么摘星楼，高度超过百尺楼，豪华胜于绮霞阁。依姐姐良言，就不予准奏吧。

娥皇喜道：皇上纳谏如此，非唯婢子之福矣！

南唐有名的宫殿楼宇，如澄心堂，瑶光殿，百尺楼，绮霞阁，皆为烈祖、中主所造。终李煜朝，不见大兴土木的标志性建筑。他只不过搞了一些精致的小制作，比如爱情小屋"红罗亭"。又广开赐第，多设教坊，前者为臣子考虑，后者为宫廷艺人们提供场地。

八月秋凉时，娥皇生了几天病。

年初她生下次子仲宣后，恢复身材很快。生仲寓那一年，瘦身用了七个月，这次缩短一半，是为了七夕上演大曲。御医的瘦身方子被她作了修改。宫中自有壮硕的奶妈，她不必奶孩子，按御医嘱咐只喂了四个月。她瘦身快，产后一度有些厌食，经御医调理后，才渐渐地唤起精神，有了食欲。

娥皇是个闲不住的人，瑶光殿大大小小的事情也是千头万绪的，她过问人事财物，亲临教坊御厨，布置一年中的各类节庆，掌管南唐的一部分典籍图书、金石书画……虽有各司其职的内侍和女官，但娥皇每隔两天要召集他们议一次，逐一询问，几乎事事要去操心。通常是李煜在澄心堂与大臣们议事，娥皇在瑶光殿召集各部门的头头开会。两边的会开完了，两口子又碰头，或在饭桌前，或于枕头边，你一句我一句地说起来。

娥皇留意澄心堂，李煜亦关心瑶光殿，朝堂与后宫多少事，日日夜夜，牵动着两颗年轻的心。娥皇屡劝李煜别操心瑶光殿的事，一切有她打理呢。李煜点头答应，过一会儿就忘了，问起庆奴、庆福、秋水、新来的吴越"舞蹈家"宵娘……他是目光细腻的男人，留连日常生活的男人，体贴女性的男人，要让他把心思从瑶光殿挪开，委实不易。

倒是李煜反过来劝娥皇，不要太操劳。

娥皇说：我的身子硬着呢，从小就是这样。

李煜说：我替你默算了一下，你操心的事情，一百件都数不过来。

娥皇乐了，启齿笑道：我有一百件事情，陛下就有一千件！

李煜执她的手，正经说：朕命南唐周皇后，切切注意身子，万万不可逞强。

娥皇佯作正色道：婢子遵命！

娥皇不逞强几乎就不是娥皇。弹琵琶她是宫中公认的第一，那一把元宗宝器烧槽琵琶，到她的玉指间，仙乐顿时起。跳舞她是编导兼"领舞"，庆奴、秋水、宵娘，谁不是一流的舞者呢？却是心甘情愿接受娥皇的指点和引领。皇后娘娘能续唐宫《霓裳羽衣曲》残谱，在她们看来，真是太神奇了：娥皇是杨妃的化身吗？是仙娥在人间的影子吗？是远古的湘妃在今世的重新亮相吗？

陆游说："大周后得霓裳残谱，以琵琶奏之，于是开元天宝之遗音复传于后世。"

娥皇补订后的《霓裳羽衣曲》，去除了原曲中的繁淫，变旋律舒缓而为急促、高亢、清越。

这一年的春夏秋，娥皇作曲、编舞、领舞，真是忙坏了。她如厕也哼唱，梦里也在做动作，吃饭时来了灵感，立刻放下筷子，拿起她的"点青螺"……哦，灵感烧烫了她的双颊，加速了她的舞步：她通常是走着走着就在甬道上回廊间舞起来了，并且要舞上三五回，生怕忘记瞬间得来的"天赐美姿"。庆奴，秋水，窅娘，她们是何等悟性的女子，娥皇稍一点拨，她们立刻就心领神会了，就融入旋律了，就忘乎所以了。

越女窅娘十六岁，轻盈修长，身段又是多年练出来的，臀腿腰臂别呈韵味儿，比之庆奴秋水更胜一筹。庆奴先是对秋水的"标准身材"暗暗地有意见，到窅娘入宫，庆奴真是嫉妒不过来，索性将懊恼抛开，拿青眼去瞅秋水窅娘。三个女孩儿仿佛齐齐地跟在娥皇的身后，而一群宫娥，又望着她们的项背。

南唐宫中的舞蹈队，技艺之精湛，超过了盛唐教坊。

中唐的白居易是看过《霓裳羽衣舞》的，有诗云："我昔元和侍宪皇，曾陪内宴宴昭阳。千歌百舞不可数，就中最爱霓裳舞！"

而周娥皇排练的霓裳羽衣舞，由于"去彼繁淫，清越可听"，比之唐时舞更为民间化，它属于清商乐，而不是宫廷雅乐；有独奏独舞，有群奏群舞，形式不拘贵族与平民，所以很快就传入市井，老百姓喜欢，歌肆酒楼竞相演唱。金陵人在秦淮河畔的桃叶渡送客时，唱这曲子，跳这舞蹈，相沿成习，蔚为大观。民间的霓裳舞自然有些走调、离谱，或变高亢为伤感，于是，徐铉这样的"宫廷精英艺术家"有意见了，写诗微讽，《又听霓裳羽衣曲送陈君》：

> 清商一曲远人行，桃叶津头月正明。
> 此是开元太平曲，莫教偏作别离声。

徐铉这人，过分的精英化，不知精英文化的源头亦在民间。

宫廷大舞《霓裳羽衣曲》的民间化，功在娥皇，而娥皇又受到李煜的影响。或者说，夫妇二人的审美趣味互有影响。

李白大约是看过杨玉环跳霓裳舞的，他写了三首《清平调》献给绝代佳人，其一云：

> 云想衣裳花想容，春风拂槛露华浓。
> 若非群玉山头见，定向瑶台月下逢。

李煜是如何描绘瑶光殿里由娥皇领舞的《霓裳羽衣曲》的呢？请看：

> 晚妆初了明肌雪，春殿嫔娥鱼贯列。凤箫吹断水云间，重按霓裳歌遍彻。

> 红日已高三丈透，金炉次第添香兽。红锦地衣随步皱，佳人舞点金钗溜。

南唐宫中的狂欢节，佳人醉舞，美感横陈。

生命如此蓬勃，休道醉生梦死。

如果李煜的诗才拙劣得像赵匡胤、赵光义，那么，指责他诗酒误国的人可能会很伤脑筋，眼珠子溜溜转，寻思重新取证。

南唐的文化氛围、审美气象、生活意蕴，高居五代十国之最。李煜填词，娥皇编舞，代表着当时最高的艺术成就。

"最高"却不是高高在上，它有广泛的民间基础。宫廷的审美意韵，亦能散发于寻常巷陌，传播于市井人家。

公元 962 年，南唐大周后娥皇，将舞美与人美推向了极致。

连吴越王钱镠也久闻她的大名、迷恋她的风姿，派人潜入金陵购买她的画像。钱镠对人感叹说：可惜南唐是吴越的敌国，不然的话，朕要亲往金陵，一睹娥皇国色。

二十七八岁的娥皇，雪肤，乌发，鬟朵妆，碧纱裙，星眸闪闪发光，腰、腿、臀动静皆妖娆。柔情似水，激情如火，此二者，当是她的性情特征。这柔情与激情却断断不是简单相加，二者的搭配是个谜，难以描述，不可测量，更不能在量化之后加以"生产"和推广。杨玉环的性情特征也是这样，河流与火焰般的情怀，外化为歌舞身，美到三十八岁还遥遥无期，含恨吊死在梨花树下，魂魄飘向蓬莱仙山，依然是雪肤花貌。

所谓倾国之色，单凭容貌身段是远远不够的。

周娥皇之美，乃是集合了多种元素：她能爱，能慈，能纯，能艺术，能生活……这若干能力有先天的因子，更有后天的修炼。爱是一种能力，美也是。

娥皇之美带动群娥是不消说的。她首先是美的偶像，其次才是南唐皇后。她身上固然有李煜之光，可她自身的光芒也足以照亮周遭。

善哉，美哉，急促而高亢的《霓裳羽衣曲》，每一个音符都浸透了南唐皇后周娥皇。"春殿嫔娥鱼贯列"，鱼贯二字多传神，裙裾舞鞋之声在耳，晚妆明亮之容在目，此时此刻，嫔娥们个个是娥皇。"醉拍栏杆情味切……待踏马蹄清夜月"，这情状，也许是娥皇的专利了。激情女子醉拍栏杆，庆奴秋水急忙效仿。娥皇和李煜并辔远去，马蹄踏响一地月光，抛下春殿几多惆怅……

这一年，娥皇是美得有些放肆了。

"晚妆初过，沈檀轻注些儿个。向人微露丁香颗。一曲清歌，暂引樱桃破……"

沈檀是香粉。些儿个系金陵方言，一点点的意思。樱桃破，樱唇开启。丁香颗亦是金陵城的流行语。丁香又名鸡舌香，丁香颗暗喻女子香舌，暗指情侣香吻。

方言、流行语，凸显南唐女性之情状。她们能活出女性之风采，而女性的昂扬与男性的欣赏是分不开的。曹雪芹和李煜一样最能欣赏，于是才有大观园中的群芳争艳……

接下来又将如何呢？

"绣床斜凭娇无那。烂嚼红茸，笑向檀郎唾。"

清歌也唱了，美酒也喝了，旋风般的身子旋回房间了，斜凭绣床，娇媚无状，玉齿香舌嚼烂红茸，笑向情郎唾。结婚七八年了，两口子分明是热恋的情态。

这美与爱的高端融合！

却有论者偏偏多事，指责它"思想价值不高"。什么样的思想价值呢？笑不露齿、食不言寝不语吗？床边帐内不许有浪漫举动吗？古代就有礼教卫道士说："此娼楼妇倚门腔，梨园献丑态耳。"

礼教对情、欲的种种遮蔽，导致禁忌与放纵的恶性循环，害中国千百年……

公元962年冬，金陵喜初雪，娥皇又美出新招了。

陆游写道："昭惠国后周氏……尝雪夜酣宴，举杯请后主起舞，后主曰：汝能创为新声则可矣。后即命笺缀谱，喉无滞音，笔无停思，俄顷谱成，所谓《邀醉舞破》矣，又《恨来迟破》，亦惠后所制。"

"破"是一支舞曲的最后、高潮的部分，又称"曲破"。好比楚辞收尾处的"乱"。"破"是可以单独演奏的。娥皇谱新曲一挥而就，当众邀李煜共舞。李煜舞姿如何？配得上娥皇这样的一流舞蹈家吗？急管繁弦，佳人舞点，围观的人喝彩击节，窗外的雪飘飘洒洒。红颜，白雪，檀郎，嘉宾……

年尾的雪，年初的雪，雪地里常见娥皇的大红披风青篾斗笠，那禁不住的舞蹈身，好端端地走着路，忽然兴起，偕漫天雪花舞起来了；她摘下一枝梅送给李煜；她携了仲寓仲宣，堆雪人，打雪仗，两个孩子满地滚；她命人收拾梅苑的落梅，连同雪水，一缸缸地埋入地下，以备日后的"梅花浴"……

她又端坐观史书，正襟与"陛下"议国事。

她每隔两天就召集瑶光殿女官、内侍开会。

她以皇后的身份参加各种宴会和仪式。她巡视庙宇，叩拜空王……

真够累的。

娥皇是瑶光殿中一团滚动的火焰，既燃烧自己，又点燃别人。

可是情花处处开，一丛深一丛浅。百花挤在一个园子里，如何不争艳？情花一定要开，开它个璀璨夺目妖娆百态。

庆奴十二三岁的时候就把绽放的姿态冲着李煜了；秋水天生有异香，她到园子里，总有成群的蝴蝶在她的头顶上翩飞，有宫娥偏不信，认为她有意夸张。秋水气得哭，请李煜到园中见证了一回：的确有几只彩蝶绕着她飞，有一只还停在她模仿娥皇的云高髻上。李煜点头赞赏时，秋水竟像蝴蝶般的舞起来了，一时人蝶俱舞，鸟鸣蜂唱，众人惊叹不已，唯有庆奴噘了嘴背过脸去……

窅娘是越州（绍兴）人，七岁能歌，九岁善舞，十四岁盈盈楚腰长臂长腿，她在吴宫待了半年就悄悄"跳槽"了，到金陵报考教坊，一考便中。又数月，选入瑶光殿，脱颖而出。歌舞人才竞争，吴越争不过南唐。窅娘后来自创"金莲舞"，开中国式芭蕾舞之先河。她非常钦佩娥皇，视皇后娘娘为她心目中的偶像。可是近距离接触了李煜之后，她发现自己有了两个偶像……

南唐后宫情势，大抵如此。

此外，尚有佳丽级别的流珠、宜爱等。南唐宫娥，比之宋宫、吴宫嫔妃，数量少，质量高。也有模样一流的女孩儿从瑶光殿中流失了，她们想凭借"脸蛋资本"给南唐皇帝生孩子，光大门楣，造福于家族，却苦于找不到机会，走人了。娥皇仁厚如李煜，她们走掉并不难。瑶光殿不设冷宫。

南唐中主李璟曾有儿女一大群，如邓王李从益，兄弟中排行二十六。李璟的嫔妃们不断地怀孕，他英年早逝，看来也是历代皇帝的通病所致，李煜则相反，尚未找到其他宫妃怀上他的小孩儿的证据。

不难想象，庆奴、秋水也是希望和李煜生孩子的，这可是宫娥们的普遍理想，婢子进身的正当渠道。在庆奴和秋水，更是情力使然：她们对李煜的恋爱几乎可以压倒一切。

宫娥之间的竞争，乃是"基本情态"。男人争权夺利，女人斗艳邀宠，各有无数血淋淋的故事，千百年来，宿命般陷入循环：汉宫，唐宫，明宫，清宫，面如鲜花心似蛇蝎的女人多得没法统计。美女对美女下狠招：眼睛漂亮就挖眼睛，鼻子媚气就削鼻子，四肢善舞就砍四肢，扔进猪圈……而南唐后宫大抵是一派祥和。

朝廷则通常是权力斗兽场，五代十国尤甚。李煜仁惠，他手下的百官虽有争斗，却不至于搞得腥风血雨，大臣，将军，外戚，内侍，包括统重兵在外的节度使，总的说来是各司其职，相安无事。十几年无内乱。看来，李煜的统治也是柔中带刚，宽严相济。

而瑶光殿比之澄心堂，则更显和谐。女人斗艳，到歌舞场斗去吧。

像娥皇这样的音乐家、舞蹈家、书法家、美饰美器改革家，且是两个皇子的慈母，深受李煜敬爱的皇后，她是既能艳光四射，又能心平气和。由于多年的努力，方有今日之尊。说李煜宠她是不够准确的。二人相爱，显然有平等的意味，彼此相知相敬，放在现代也堪称夫妻之楷模。而发生在皇帝与皇后之间的这种恋情，很可能是空前绝后的。

李煜、娥皇创造了中国情爱史上的奇观。

不过，庆奴秋水等人，情花开得格外鲜艳，香熏百米，草木也醉虫鸟也舞，李煜的反应究竟如何呢？他只动心不动欲吗？《菩萨蛮》透露了一点消息：

> 铜簧韵脆锵寒竹，新声漫奏移纤玉。眼色暗相钩，秋波横欲流。
>
> 雨云深绣户，未便谐衷素。宴罢又成空，梦迷春雨中。

和李煜"眼色暗相钩"的漂亮女孩儿是谁呢？是庆奴秋水还是另一位歌女？秋波横流，情动欲动了。"雨云深绣户"，云雨二字是写在明处的。

是什么原因让一个动了欲念的皇帝未能如愿以偿呢？是娥皇跟来了吗？是庆奴捣乱吗？是窗外有人隔墙有耳吗？总之，李煜酒后动一次"贼胆"也艰难，稍闻风吹草动，他就战战兢兢。

故事的结局是："宴罢又成空，梦迷春雨中。"

李煜独于细雨中徘徊吗？雨丝乱纷纷恰如情丝。歌女在什么地方等着他呢？在老树后、假山旁、亭榭中、小楼上？

李煜痴想很久才醒悟：她只能与他相会于春梦。

第八章　花明月暗飞轻雾

公元 964 年三月，娥皇又生病了。

她不自觉地逞强，生活中大放异彩，方方面面臻于极致。性情如此，谁也拿她没办法。太医屡屡告诫，她听不进去的。小病不吃药，撑着。头疼脑热，腰酸腿软，她养病就是倚在枕头上歪一会儿，翻翻闲书。园子里传来女孩儿们的欢笑声，她来劲了，翻身下床出去了。

娥皇二十九岁还是娥皇。凡为女人者，谁不希望这样呢？凡为女人者，谁不巴望着美到老呢？白发苍苍也要俏……二十九岁还早呢，二十九岁很年轻。那杨妃三十七八岁，犹自长袖舞芳华，若不是渔阳鼙鼓动地来，惊破霓裳羽衣曲，她会舞到什么时候呢？四十岁不在话下，五十岁犹抱琵琶。男人是落尽了牙齿也要攥紧那根权杖，女人是面皮打皱也要一试红妆。

哦，上帝是这么造人的。人是这样，人该这样！

二十九岁美才上路，三十九岁美到中途……娥皇歪在床上时，望天上云窗外花，微笑着陷入遐想。她理由足哩，她倒不是心性高。仪态万千之国母，乃是南唐百姓之评价！她可不必撑下去，她只须美下去。病中美得有些吃力，病愈定要"美回来"，美它个昏天黑地。

心情好，不吃药。

从小养尊处优的娥皇，活蹦乱跳的娥皇，岂知病魔为何物？

她的身子好一阵歹一阵的。

暮春这一天，娥皇的病情刚有起色，复于宫中视事，开会，巡视，稍稍一动，便是大半日。众人前她精神好，举止有力，回寝宫才松弛下来，入夜，额头又烫起来了。却又操心这一年境外发生的战事：北宋将军李处耘率兵攻荆南，据说令他部下烹吃肥壮俘虏，以震慑荆南国都江陵。

娥皇愤怒，对李煜说：宋朝的军队为何人吃人？为何将吃人设计成一种制敌的战术，传播于天下？

娥皇怎么也想不通。想不通更要想。她斜倚龙床发着热，因愤怒而双颊如火，因无奈而泪水盈眶。

李煜为她拭泪，叹息说：宋军将领想出这一招，荆南人大恐慌，于是军心涣散，全线溃退。宋军这种吃俘虏的战术，确实前无古人。

娥皇切齿道：狼不吃狼，虎不吃虎，宋军禽兽不如！

李煜说：我所忧虑的，正是这一点。一支军队如果真正变成了虎狼之师，兽性高涨，战争中无所不用其极，那就……很难抵御了。

娥皇说：宋太祖不是也讲仁义吗？他为什么不约束他手下的那些将军？

李煜摇头：所谓将在外君命有所不受。吃人，屠城，抢财宝，淫妇女，将军们以此调动士卒的斗志。我南唐军队绝不可能这么干！但是，别人会这么干。宋主在他的万岁殿中讲仁义，其实以我看来，他也是唱高调。他会纵容他的手下于千里之外兽性大发。

娥皇急问：那南唐……

李煜沉思道：荆南国小，兵力远不及北汉、南汉、后蜀，更不能与我南唐二十万大军相提并论。汴梁发倾国之兵攻南方，身后却有北汉、契丹的威胁。宋主虽强悍不可一世，欲平天下谈何容易！

李煜此刻绕床而谈，目露刚毅，有几分慷慨激昂了。娥皇注视着他，倾听着他，渐渐地面呈欣慰了。

李煜又说：我南唐向他北宋称臣，年年进贡，既是造成他师出无名的局面，又赢得我们整修武备的时间。我的龙翔军，我的十五万水师，我的心腹爱将林仁肇，以及我的长江天堑，力阻宋军于江北，绝非难事！

娥皇盘腿合掌道：佛祖慈悲，佑我南唐百姓，佑我虔诚仁慈的南唐君主。

娥皇祈祷随意，不拘时间地点，是受了李煜的影响。而李煜在少年时代，大法眼文善禅师曾经送他四个字：无执，随心。

李煜亦合掌，走到窗前，望暮天而语：江南这块土地，几十年不识刀兵，老百姓安居乐业。愿我佛降广大慈悲，施无边法力，伏魔镇妖除恶！

从杨吴时代算起，金陵的和平生活已逾六十年。

持久的和平，会淡化人类本能中的那股子杀性，生活的逻辑畅行时，刀枪的逻辑会降低。李煜的艰难处在于：他必须在蓬蓬勃勃的生活局面中保持对战争的警惕。

保卫南唐的战争迟早会打响。但没人知道哪一年打响。李煜不知道，赵匡胤同样不知道。然而生活是以点点滴滴来计算的，为君为臣为民者，不可能时时绷紧战争这根弦。

而战争的本事，是要放到战场上去学习的。赵匡胤学了多少年？他身经百战，李煜未历一战。而且，重要的是：杀性的充分调动，是在持久的、一轮又一轮的杀戮中完成的。其间细节甚多，而细节决定成败。和平日久的国度，温馨洋溢的家园，绿色填充的心房，杀性的充分调动简直是天方夜谭。五代十国干戈四起，大欺小，强攻弱，无义战可言，强者一味去摧毁别人的美好生活，变街市为屠场，化青山为坟地，染绿水为血波，却是实实在在的邪恶与残暴。

李煜夫妇，出于其仁惠天性，相信天理在他们这一边。

天子如何不信天理？北宋天子他能置天理于不顾吗？

漫长的中华文明的进程中，天理、公道这些字眼从未退场。兵荒马乱人命如草的年代，对天理的呼唤倒是更强烈。

公元964年，这个春风吹拂的夜晚，李煜、娥皇相拥而谈，凝望着雕窗外缓缓升起的明月。

石头城上，碧空如洗。

娥皇忧南唐，忘了忧她自己。太医的话她是听不进去的，她连自己说的话都听不进去：答应静养三五日，可是养到第二天她就闲不住了，戴了凤冠，命驾驱车，巡视偌大的瑶光殿，登上高高的百尺楼。她对庆奴说：阳光灿烂百花争艳，待在屋里，岂不是辜负了造物？

庆奴应答：娘娘的一年四季都是好的，冬雪，春花，夏雨，秋云，还有那些鸟儿虫儿词儿曲儿，哪一样不喜欢、不留连？

娥皇笑道：你这嘴，越来越会说了。你还得加上我的寓儿宣儿。

庆奴笑道：还有一位奴儿。

娥皇不解：谁是奴儿啊？

庆奴噘嘴说：唉，可怜的奴儿，进宫好多年了，伺候了郑王、太子、皇上、皇后娘娘，没功劳也有点苦劳吧？可是娘娘的心中竟没有奴儿的位置。

娥皇不禁伸手，拧她的俊俏嘴唇，一面说：原来你是说自己啊。奴儿，这名儿怪好听，以后我就这么叫了。

庆奴说：光叫可不够，娘娘得把奴儿放到心里去。

娥皇诧异道：我心里没你吗？我一向把你当妹妹看的。

庆奴低眉说：有娘娘这句话，庆奴也知足了。

娥皇说：你从小就跟随皇上，样样尽心，般般周到，不仅是我，皇上心里也有数的。你有什么心愿，但讲无妨。

庆奴欲言又止，渐渐红了脸，拿眼去瞧别处，两只纤手翻弄着裙带。这突如其来的"现身情态"，将庆奴生生淹没。有啥心愿呢？心愿是什么意思呢？庆奴一时想不明白，瞟一眼娥皇，复把目光挪开，定定地瞧着园子里的那些开得正艳的春花。二人对视只一刹那，眼中各自闪烁着由来已久的某种东西。仿佛情爱之天幕上的两颗星碰了一下。

娥皇也发了一回怔，才对庆奴说：你的年龄也不小了，我知道你……不容易。你的心事，我对皇上说去。

庆奴忙道：千万不要……

娥皇摸摸庆奴滚烫的脸颊，笑道：多么标致的一张脸，桃花红李花白的，可别闲着。

庆奴顿足说：娘娘一向端庄，今日却说起这个，庆奴臊死了！恨不得找个地缝儿钻进去。

娥皇含笑说：这会儿别臊，有你臊的时候呢。

庆奴急忙捂住耳朵跑开了，情憋已久的女孩子，如何听得这个"臊"字？一听更是臊得撑不住，撒开腿跑到三丈开外，方回转身子，望着甬道中间的娥皇。

这是下午，日头偏西的光景。红花绿叶之间，一个太阳照着两张俏脸。两个人都不容易。隔了一段距离她们才互相瞧着，是几年前闪现过的、女人瞧女人的那种眼神，却比当年更亲近些。

这个下午，庆奴日后回味不尽。

俄顷，庆奴回复了平日里的身姿步态，走向她敬爱的皇后娘娘。春风徐来，花枝摇曳，庆奴只觉得浑身舒畅，那清风直扑粉面，直入心房。娥皇亦在春风里，脸上挂着笑容，身子却禁不住晃了一下。一阵寒意袭来，她抱紧了双臂，皱眉看树梢上的风。

春风欺病体……

娥皇再度躺下了，这回病得更厉害，发烧、咳嗽、四肢无力，周身疼痛，辗转睡不着，微作呻吟。李煜未曾见她这般模样，一时慌了神，命太后宫中的太医过来诊治，他亲伺汤药，一匙匙地喂她喝下；夜里和衣躺在她身边，不时摸摸她的额头，探探她的鼻息。夜夜如此，"衣不解带，药必亲尝"。每天还要早朝，天不亮就乘辇赶往澄心堂，与大臣们议事方罢，又匆匆返回瑶光殿。病人瘦了一圈，他的玉带也宽了，眼圈也黑了，庆奴瞧着格外的感动。庆福则悄悄议论：当年先皇对他的皇后娘娘可没有这么好。

四月，娥皇病体稍愈，让丫头扶了到园子里看玉兰花。一树树洁白的玉兰花，她待字闺中的时候就特别喜欢。

她伫立良久，花肥人瘦。

少女的时光透过枝叶向她涌来。艳阳与琵琶，青灯与黄卷。清晨玉露惹舞袖，黄昏疏雨湿秋千……

入宫快十年了。

十年前在江边邂逅那位神清气爽的少年郎，哦，她是一见他的侧影就恋上了。一恋十年。幸福竟然如此饱满。十年多少个瞬间？"绣床斜倚娇无那，烂嚼红茸，笑向檀郎唾。"

她病倒了，于是她才切切地知道，她的檀郎爱她有多深，怜她有多细。想那些卿卿我我你疼我怜的市井夫妻，也不过如此吧。李煜哪是什么万乘之尊，他是她贴心贴肺的男人！

病娥皇细思量，泪水一再涌入眼眶。

"南国有佳人，遗世而独立。一顾倾人城，再顾倾人国。"

这诗所描绘的，是汉武帝的宠妃李夫人。李夫人生病了，花容一时憔悴，便遭多方冷落，她向人无限感伤地说："夫以色事人者，色衰而爱弛！"

某日，汉武帝闲步到了李夫人的病榻前，首先关心她的容貌。李夫人以被蒙头，死活不肯松手……

汉宫，唐宫，有过多少李夫人啊。通书史的娥皇知道这些，知道"以色事人"的女人的悲哀。

她是快满三十岁的女人，一代艳后备享尊荣，又拥有实实在在的爱情。三千六百日，不曾有过落寞的夜晚，这是奇迹。而奇迹的发生乃是自然而然，她平时感觉不到的。一对一的平等爱情，不含施舍的成分。李煜对她的欣赏与爱怜是由衷的，朴素的，虽然书面语叫作垂恩。

病中的娥皇，得以静观生活，发现了这个奇迹。她忽然有了一种直指源头的惊奇：亘古罕见的皇宫爱情，为何偏偏发生在她的身上？是舜帝的妃子娥皇肉身转世、灵魂附体吗？

南唐多设教坊，年轻的宫娥一拨又一拨。她们燕子般的翩飞，小鸟般的鸣叫，鲜花般的绽放。女孩子的生存情态，不能不是这样。艳力是斗出来的，拼出来的，清纯、妩媚、妖娆，各自拓展着迷人的空间。琴棋歌舞四个字，说尽她们多少风流！力之舞围绕着一个中心，这中心乃是南唐李煜，美到极致、善入骨髓的人物，龙椅上仍能保持男孩子般的天真，每一个毛孔朝夕反射着阳光月光。"春殿嫔娥鱼贯列"，想想她们的俏模样吧。南唐宫中的女孩子，活得多么昂扬：昂着头挺着腰扬眉吐气哩，情力得以释放，欲望得以升华。汉宫唐宫宋宫，逊色远矣，远矣。

如果李煜有曹雪芹的白话功夫，写一部南唐版的《红楼梦》该有多好！

亮出女性风采，是挡不住的历史潮流。受男权潜意识所操控的学者当细察焉。

以娥皇之纯美，堪称女性自足之典范。而所谓四大古典美女，西施、昭君、貂蝉、杨妃，她们身上闪耀的光斑富含权力的投射，附加成分太多。娥皇通身洋溢着自主的元素，而女性自主的元素乃是现代元素。

皇权遮天蔽日，李煜是个例外，娥皇因之亦成例外。

此刻，暮春的傍晚，尚在病中的娥皇站在玉兰花前，几个宫娥在远处的秋千架下。庆奴和秋水的嬉笑声传过来。

"眼色暗相勾，秋波横欲流。"

娥皇想：这句子是写给谁的呢？

她掠过了一丝醋意吗？

恋爱中的女人谁不吃醋？

娥皇入宫十年尚能为两句诗吃醋，倒说明她的恋爱"浓度"很高，没有被稀释。宫中姹紫嫣红，可是从某种意义上说，唯有娥皇这朵花才是花。青春女孩也自愧弗如：比试综合魅力，她们甘拜下风。皇后娘娘是生于宰相府第，从小养尊处优的，举手投足，韵味儿天然。宫娥多出寒门，至多是个小家碧玉吧，如何去跟娘娘比？娘娘领导后宫哩，又引领时尚，又协助朝堂，又善待群芳诸艳……单是她的微笑，就够宫娥们学上一年半载了，何况她的烧槽琵琶，她的纤笔点青螺，她的霓裳羽衣舞。于是，在宫娥中比较有权威性的庆奴就说了：我们这些女孩儿，就算再努力十年八年，也赶不上皇后娘娘！

综合魅力是没法比了，那么单项魅力呢？

庆奴、秋水的模样身段，窅娘的舞姿，流珠的歌喉，都不在娥皇之下。她们更有青春优势呢，平均年龄小娥皇十多岁，少女与少妇毕竟有所不同。少女是初开的花朵，芳香固然不及盛开的鲜花，可她们的生存姿态是朝上怒放的……

眼色暗相钩。

娥皇念这句子心速就加快。不用说，李煜对宫娥们也是欣赏的，也是迷恋的。秋波横欲流，这情状有点吓人哩：流向何处去？流出什么来？看来李煜对某个宫娥已经是不由自主了，却不能由着性子去约会。

可怜的皇帝，可敬的君王！

娥皇生病的这些日子，李煜但凡有空，总待在她身边，夜里常常和衣而卧。

十年的往日浓情哪！

娥皇痴痴地望着那一树洁白的玉兰花。

微风吹来，双臂微寒。四月犹觉春衫薄。

娥皇忽然陷入痴想：让庆奴去侍夜吧。

娥皇想得有点晕了，颤颤地伸手，扶住侍女的肩膀。庆奴在花园那边的秋千架上咯咯笑哩。花容只管放肆，水蛇腰在空中……

娥皇定定神，深吸了一口气，缓缓地吐出去。

醋意释放三五分，她心里好受多了。

重要的是，娥皇的念头占据了身体，她认为自己的决定是正确的，善良的。

这时她听到辇车的声音：李煜回瑶光殿了。

晚膳她只喝下了一碗燕窝粥，然后静静地坐着，瞧李煜吃东西。李煜吃着他平时喜欢吃的烤乳猪，喝两盅鹿胎酒。庆奴含笑立在他身后。皇上胃口好，庆奴通常是这般模样。

娥皇拿眼去瞧他二人，兀自浅浅地笑着。庆奴似乎敏感到什么，捕捉到什么，顿时眼发亮，薄面玉颜紧张。自从上次娥皇在百尺楼下对她说了那番话之后，她就很敏感了，常偷眼去瞟娥皇，露出察言观色的样子。——哦，庆奴是想探测她非常想知道的那件事。

此一刻，庆奴的心飞得很远了。究竟有多远，她自己也不知道，没人知道。

庆奴此刻的幸福是有依据的：有娘娘为她做主呢。依据又会膨胀，从五分长到七分，幸福的杯子就趋于满盈了。

侍寝。这个词仿佛凌空掷下，她几乎战栗了。

南唐后宫，侍寝二字闲置已久。唯有黄保仪、乔美人追忆先朝旧事才提起它。宫娥们是想都懒得去想的。娥皇生病，倒是李煜和衣去"侍寝"。风流倜傥的南唐皇帝，仿佛只识娥皇。

事实上，不是这样的。

李煜深谙嫔娥之美，秋水宥娘庆奴，谁没有在他的眼中呈现为鲜花呢？美目照拂之下，情花朵朵盛开。瑶光殿有这气场。有李煜"罩"着，有娥皇的激情引领，有宫娥间的和平竞争，一朵朵鲜花格外鲜艳。

李煜欣赏宫娥的那双美目，亦含欲。这种叫作欲的微妙的东西，只要它稍稍一闪烁，便会有消息在她们中间以隐秘的方式传开去。

入夜，李煜夫妇在房内闲话，雕窗半开，庆奴在窗下徘徊。春月朦胧，花枝模糊，庆奴的绣花鞋落地无声。半个时辰过去了，庆奴修长的身影静静地镶在花树间。她在等什么呢？

等一句话。

房内，娥皇斜倚枕头，望着走动的李煜。夫妻说了一会儿国事。北宋军队拿下了荆南之后，又图后蜀，十万精兵将开赴剑门。巨狼扑食，先吃小后吃大。后蜀四十万军队能否守住成都？李煜近日将要巡视冶山、采石矶，楼船逆行至武昌，召见一代名将林仁肇。这一路详察长江防线，鼓舞龙翔军的士气。宋军磨刀霍霍的时候，南唐水师、步兵也要展示一下实力。

李煜谈军事有个下意识的动作：以左拳击右掌，似乎模拟着两军的攻防。

娥皇注意到这个动作。几个月前宋军攻荆南的那些日子，李煜就有了类似的动作。此间更明确：以拳击掌，掌横如壁。

娥皇瞧李煜的神色，既欣慰又忧伤：她的檀郎，登基三年了，一步步地走到今天，真是不容易啊。

娥皇一阵咳嗽，低了头，用绢帕捂嘴，云发下垂，一支金钗掉到地上。李煜坐到床边喂她喝水。门外的丫头、太监听到了皇后娘娘的咳嗽声，却不用进屋的。

娥皇将捋头发扬起脸来，李煜拾起金钗替她插上。

明亮的烛光，照着面对面的恩爱夫妻。娥皇病得厉害的时候，双眸下陷，一张脸儿蜡黄，吐痰擤鼻子，不须避着李煜。李煜日夕伺候，疼她都来不及呢。单凭这一点，她就胜过汉武帝的宠妃李夫人千百倍。

互怜互敬早已常态化，了无痕迹。

此间的娥皇，肤色已回复了七八分。又因咳嗽，娇红染了双颊。

娥皇说：你这次出巡，带上庆奴吧。

李煜奇道：为何带上庆奴？你平时由她伺候，病中更离不开了。

娥皇说：秋水、流珠也怪伶俐的，再说我的身子已经好多了。庆奴听庆福说陛下将出巡，就来央求我，想跟陛下到武昌去。

李煜笑道：朕还不知道她？想出去玩儿罢了。

娥皇说：庆奴服侍我有功，就算赏她这一次。

李煜摇头：以前我常带她出去的，这次不行。她留在你身边，我在外面要放心一些。

娥皇说：我替庆奴求陛下也不行吗？

李煜看娥皇一眼，说道：奇怪，你今日老提庆奴。

娥皇叹息：庆奴的心事，陛下有所不知呢。

李煜一时无语，似乎意识到什么。这许多年，庆奴每日在他身边，无数的面影、身影，却汇集成某种盲点。庆奴的心事，恰好落在这盲点中。凭她怎么努力，盲点还是盲点。或者说，她越努力，盲点越是盲点。

娥皇说：庆奴不是小女孩儿了，她都二十一岁了。

李煜像是自语：庆奴二十一岁了……

此刻，立在雕窗外的庆奴潸然泪下。她已经二十一岁、快满二十二岁了！年龄是女孩子最为敏感的东西，庆奴却宁愿以木讷迟钝的方式去对待它。她不敢去敏感的。她敏感着敏感，于是她不敢去敏感……在感觉的层面上，她固执地滞留于十六岁，平日里她歌舞着十六岁，蹦跳着十六岁，噘嘴顿足俏着十六岁……可是刚才娥皇姐姐说，她都二十一岁了。真实的年龄将她击中，她承受不住，于是掉泪了。泪中有苦涩：她恋得多么苦啊；泪中更有甜蜜，鲜花终于能够憧憬着一枚甜甜的果实。

娥皇说：庆奴的性情、模样，都是不用我说的。

李煜沉吟道：姐姐今日为何说起这个？

娥皇说：我是怜你，也是怜她。

李煜笑道：我可怜吗？

娥皇亦笑：你和衣躺在我身边，累计不下半月了。哪像个皇帝呀。

李煜仰面一笑：哈哈，皇帝有标准吗？尧舜、孔孟，谁给皇帝定过规矩，不能在病皇后的身旁和衣而卧？

娥皇说：你对我这样，我死也值了。

李煜说：你可不能死。你死了，恐怕我也活不成。

娥皇说：你是南唐的皇帝，你要活下去。

李煜说：理当如此。可是情感这东西它不管道理，万一你有不测，对我将是灭顶之灾。

娥皇说：历代皇帝，谁像你这样呀？

李煜笑道：寡人于人之本性当有所开拓，给后世君王做做榜样。

娥皇微笑着说：汉皇重色思倾国，武皇开边意未已。

李煜说：寡人不开边，寡人亦重色，重娥皇之色。

娥皇快乐地说：你呀，你是重情在先，重色在后。色在情中，而不是情在色中。

李煜赞道：好个色在情中！

受到鼓励的娥皇又说：情色本相连，你专注于情，不知不觉也强化了对于色的感受。若问为何能专注于情呢？因为你仁慈，你是佛祖虔诚的信徒，你温柔地怜悯着你的臣民，你的后妃，你的宫娥。

窗外的庆奴侧耳倾听。

室内的李煜眉头略皱。他心里掠过一丝不祥：恩爱夫妻互吐衷肠，又彼此评价，这将意味着什么呢？

他岔开话题说：我们说起这些，倒比谈国事更起劲，更深入，更见悟性。

娥皇一声长叹：性相近矣，习相远矣。我和你，本不必操心这些事。说文韬谈武略，原是不得已而为之！

李煜说：也许是佛祖的旨意吧。我们不入苦海谁入苦海？

窗下的庆奴听得呆了。佛祖二字，几乎占据了她的灵魂。灵光闪烁处，连侍寝的梦想都暂避一时。

唉，庆奴的命运也肇始于今夜……

娥皇说：让庆奴随你去武昌吧。

李煜随口道：她还是不去为好。

娥皇细眉一皱：我说了半天等于没说！

李煜笑道：你得给我一点时间，让我调调思绪，怜悯一下随我多年的宫娥。

娥皇一拍额头，说道：你的意思是……我懂了，我懂了。陛下请放心，你巡视归来之日，定有一位别具韵味儿的庆奴，叫你大吃一惊呢。

李煜含笑不语。

庆奴蹑手蹑脚走开几步，一下子撒开双腿跑起来了，穿花树掠小桥，鹿影般的敏捷身子，奔遍数里瑶光殿。庆奴疯起来了，斜着蹿倒着走，活像一只快乐的小狗。

侍寝……庆奴试着碰了碰这个滚烫的字眼，纤手一缩，浑身战栗。

庆奴蹲在石板路上，琢磨这件事儿。

她想不透的，心思就像朦胧月。

此刻，事情与她有关了，她反而有些忸怩，心思放不远的。疯跑一阵，又蹲在地上，紧缩的女儿身像个隐喻。扬州的妈妈此刻在哪儿呢？爹爹、哥哥姐姐……

庆奴想爹娘了，眼泪成串地掉，双膝跪地，良久不起。

穷家女儿有今日！

庆奴合掌谢过空王，站起身。四下静悄悄，朦胧月挂在树梢。

侍寝……庆奴再一次触碰这两个方块字，还是要战栗。

今晚是没法睡觉了，且溜达通宵。

庆奴哼唱，做个舞蹈动作，就地旋转，忽然一阵疯跑。反正睡不着，入梦也要蹦蹦跳跳。

她走过池塘，站在一座拱桥上。她踮起双脚，觉得自己比树还高。郑王爷身长七尺多，她是齐了他的耳朵哩。

庆奴启齿轻唱：

> 遥夜庭皋闲信步。乍过清明，早觉伤春暮。数点雨声风约住，朦胧淡月云来去。
>
> 桃李依依春暗度，谁在秋千，笑里低低语？一片芳心千万绪，人间没个安排处。

这首《蝶恋花》，庆奴一直认为李煜是为她写下的。这是她永远珍藏的小秘密。宫娥比试荡秋千，庆奴年年数第一。

她跑下拱桥，一阵风似的远去了。

从初夏到盛夏，庆奴致力于一个字：变。发型、服饰、步态、舞姿，乃至说话吐字，样样与往日不同。庆奴希望离庆奴越远越好。体重也要变，不是增就是减。她踌躇几日之后，半月减下了两斤半，这使她的舞姿越发轻盈了。她还苦练书法，琢磨杜甫瘦骨嶙峋的书风。皇上挥毫也这样……她整日下围棋，"端静其神采"，向娥皇的境界靠拢。娥皇怜爱地打量她，含笑鼓励她，含蓄点拨她，以免她的"自我陌生计划"偏离了美的规律。

宫中的姐妹们最能体会庆奴的变化，有一天秋水惊呼：庆奴姐姐，你画的是什么妆呀？你跳的是什么舞呀？我们都认不出你来了。

庆奴说：认不出才好呢！

小庆奴五六岁的秋水噘嘴道：好奇怪呀，我想学你，你倒不希望是你……

皇上巡视结束将回宫时，庆奴异常紧张了。

宫中为迎接皇上，新编了舞蹈《恨来迟破》，是娥皇专门为庆奴设计的。庆奴领舞，秋水、育娘、流珠、宜爱伴舞，娥皇以琵琶伴奏。如此阵容，单为庆奴。皇后娘娘这么扶病操劳，莫非有某种特殊的意图吗？宫娥们已有猜测，纷纷拿眼去瞧庆奴。庆奴自然高兴，练舞格外投入，饭桌旁床榻上寻思动作。但凡有了一点创意，马上要去练舞厅，对着墙上的一排三尺铜镜左扭右旋、看了又看。

这一天下午，靠近薄暮时分，庆奴正练着书法，忽然从行草的笔势中悟出一个跳舞的新动作，于是停笔换鞋，匆匆走到练舞的铜镜前，凝神演练。她穿一件粉红小袄儿，茜罗裙上束一根宽约三寸的乳白色腰带。脚上的舞鞋柔韧有弹性。她哼着《恨来迟破》的曲调，拟醉态，走颤音，一步三摇，忽作奔跑状，娇喘吁吁的样子，纤手拨花丛，脸儿东瞧瞧西望望……

窗外有人叫好。

一个穿戴随意、手拿玫瑰枝的十四五岁的少女走进来，看一眼庆奴，又闻闻刚摘下的玫瑰花。庆奴正舞到兴头上，被人打扰，心里老大不爽。这女孩儿不打招呼就进屋，显然是新来的宫娥不识规矩。

庆奴没好气地发问：谁让你进来的？谁允许你折断花枝？

少女被庆奴这一问，微觉诧异，启齿笑道：我让我进来的，手叫我摘下花枝。

少女杏唇开启时，露出两排雪白整齐的牙齿。

那少女启齿又说：《恨来迟破》翻作舞蹈，本有些难度。你能跳成这样也不错了。只是你刚才的醉态未到十分火候，毕竟弱了些。

庆奴说：你也知道《恨来迟破》？

少女笑道：我不该知道吗？

少女从容的微笑非常好看不说，且风度做派胜人一筹。庆奴心里难免打鼓：这女孩儿是谁呀？举止竟不像出自寻常人家。

庆奴的脸上还是"端着"，斜睨少女：你是谁？到宫里来做什么？

少女说：我是谁与你无关，跳你的舞吧。

少女浅浅一笑转过身，飘然出门去。

庆奴火了，厉声道：你给我站住！

少女在门外的回廊上扭头说：你这口气倒像我姐姐。只可惜你不是她，差得远哩。

少女下石阶径自去了，袅娜身形没入红花绿树。

庆奴呆在原地，想半天想不出个所以然。那女孩儿已经消失在黄昏里，她留下的韵味却弥漫于梁柱间。庆奴在宫中也算是出类拔萃了，又即将侍寝，身份地位自不待言。可是女孩儿简简单单地一亮相，居然把她给镇住了。

庆奴不禁想：看来真是天外有天，红颜之外更有红颜。

庆奴甚至想：即使皇后娘娘在妙龄时，也未必能胜过她。

庆奴这一念接一念的，盖因惯性使然：纯美一旦现身，能够牢牢地吸引她。当初面对娥皇逼人的魅力，她也这样。她单纯而向美，于是能被稀世之美所吸引。

室内光线暗了，一排大铜镜景物模糊。

庆奴陡起一念：万一皇上回宫碰上这女孩儿……

一念未已，心跳加剧，扑通，扑通，直欲跳出胸口。

皇上有个小妹妹叫永嘉公主，庆奴未曾见过，只听说生得极好。那女孩儿莫非是永嘉公主？

但愿是公主……

庆奴盘腿坐于练舞的红锦地衣上，微微仰着头，默念空王，合掌祈祷。

可怜的春心荡漾的庆奴，前景有点不确定了。暮色四垂，伊人独坐。

女孩儿名叫女英，娥皇的妹妹。娥皇和女英皆系乳名，乳名盖过了她们的真名。司徒周宗也许只有这两个女儿，年龄相差十几岁。娥皇嫁给李煜时，女英五岁。娥皇每年几次回娘家省亲，住两三日就要回宫去，小女英赶路，哭闹，小手缠住姐姐的衣襟不放。

史称女英"警敏有才思，神采端静"。

姐妹二人性情相似，是那种激烈的、情怀如火的女子。女英更灵动些，直觉好得出奇，行事仿佛盲动、不计后果，但事后证明她总有道理。她是老父亲的小幺女，是皇后姐姐的小妹妹，受宠浑无知觉：她来到世上原本就是要受宠的。家中园子大，她三岁就开始疯跑，撒欢，做游戏。她吃过花瓣，嚼过树叶，捉过鱼虾，跟蟋蟀做过好朋友，崇拜过天上的星星。姐姐娥皇是她眼中的一个谜，而这个谜通向更大的谜：皇宫！然而皇宫是她所不能去的地方。皇宫就像天宫。娥皇哄她说：只要她字认得多，舞跳得好，丝竹弄得出色，她就可以到宫中去玩。

女英显然具备贵族少女的诸般修养。她是既有小环境又有大环境。金陵女子多轩昂，不像北边汴梁的女人低眉顺眼、低声下气。

周氏姐妹花开在南唐不是偶然的。

生活的韵味儿，艺术的氛围，男人的呵护，向来有助于女性活出女性之风采。而汴梁男权遮天，男人受扩张意志的支配武装到牙齿，男人之间尚且等级森严剑拔弩张，女人就只配做女奴。赵匡胤册封的嫔妃，有名有姓的一大群，她们步调一致，笑容整齐，连宽衣解带的动作都比较相似。动作不一致，危险性很高：那个情不自禁跑到梅苑为天子摘梅枝的梅妃，不是被赵匡胤一剑砍下了漂亮手腕吗？这个血腥事件让所有的嫔妃花容失色。将军们大臣们却钦佩皇帝的英雄气，对儿女情长嗤之以鼻。北宋的嫔妃是听说过南唐宫娥的，尤其那位周娥皇，才貌压倒杨贵妃，简直是她们私下崇拜的偶像。娥皇领导的南唐后宫，那才叫百花争艳姹紫嫣红。"晚妆初了明肌雪，春殿嫔娥鱼贯列……醉拍阑干情味切，重按霓裳歌遍彻！"如此情味、情状，汴梁宫妃做梦也难尝，羡慕极了。娥皇染疾，李煜亲伺汤药，连月和衣而卧，赵匡胤的女人们就只能埋怨爹娘了。不过，她们后来目睹了皇上的继承者，又稍觉心安：她们的命运还不算最差……

女英长到十三岁，渐渐晓事，对姐姐居住的瑶光殿有了强烈的向往。姐姐的后宫她为何不能去呢？越不能去越想去。姐姐哄她几年了，她学字、习舞、练琵琶，《孝经》《千字文》一类的启蒙书倒背如流，可是姐姐说话不算数！女英很生气哩，母亲劝慰她说，入宫见姐姐也容易，但遇到皇上怎么办呢？女英嚷道：皇上是我姐夫，我不能见见姐夫吗？

关于这位比姐姐还小一岁的南唐皇帝，女英从小到大听得多了。她念他的词，欣赏他的书法，凝视他的画像，玩耍他的御赐之物，想象他的音容笑貌。李煜是家里永恒的话题，也是她闺中的老朋友了，有时她脱口而出：李煜的这幅字嘛……若被母亲听见了，会及时纠正她：要称皇上。她却改口说：姐夫的这幅字嘛……

女英越长越漂亮了，五官俏，身材好，亦能安安静静的，亦能撒腿疯跑仰面大笑。家里的老妈子曾说：杏唇玉齿，哭笑都好看。女英便装哭，老妈子笑得撑不住，找人说去了。女英对铜镜研究自己的鼻子，皱眉说：鼻头有点翘，和姐姐的鼻子不一样。老妈子摸她鼻头说：我的傻女英哟，你是不知道你这鼻子有多俊，翘翘鼻头，嫁与王侯！

女英顿时露出不屑的样子，说：谁稀罕王侯！姐姐嫁了皇帝，我女英能落后吗？

老妈子大乐，笑道：女英固然比娥皇俏，可是皇上已经到顶了，女英姑娘咋办呢？生得再好，却到底是肉身凡胎，终不能嫁给玉皇大帝吧。

女英顿足说：我就嫁给玉皇大帝！

女英心比天高，貌比姐俏。其实姐妹二人的模样举止各有韵致。娥皇有雍容华贵的一面，母仪天下最为宜。女英更见性情，美得本色四溢。娥皇谱大曲，领大舞，女英擅长表演玲珑剔透的江南小曲。娥皇的书法肖似褚遂良，女英则钟情于颜真卿刚劲而飘逸的行书。娥皇爱吃金陵菜福建菜，女英却对湘菜有兴趣，吃辣椒不含糊，杏唇常常不抹自红，衬了雪白牙齿。娥皇亲手设计服饰、发型、玉器、香炉，朝野俱成风尚，女英是比不上了，于是偏作男儿装，戏台上操枪弄棍的，娇叱连连，好一派英姿飒爽！

哦，美是差异。比如桃花开成粉红了，李花就要翻作洁白。美是个性的近乎本能的自由伸展。

娥皇女英，一个在宫中努力，一个在家里学习。

公元十世纪的这一对江南姐妹花，开出了千年奇葩……

做姐姐的，固然深爱着妹妹，却对妹妹的异样之美有些在意了。不知为什么，娥皇回家省亲时不复对女英提起皇上。女英很想知道呢，皇上他是如何吃饭、乘车、出猎、巡游的，女英甚至想打听皇上常拜哪尊佛、爱做什么梦。以前娥皇是有问必答，以满足女英没完没了的好奇心。可是近来，她要么岔开话题，要么淡淡地说几句。岂知她越避，女英越要问。

有一次，娥皇发脾气了，说：就你问题多，以后不许再问皇上的事情，这可是朝廷秘密！

女英听了这话，当时就气哭了，说：以前咋不说秘密？今日忽然成了秘密。姐姐回家是从不端皇后架子的，今日也端上了。好，好，皇后娘娘发话，婢子女英跪着听！

女英一言未毕，扑通一声跪在娥皇脚下。

那一天闹得。娥皇赔了许多不是，殷勤伺候妹妹吃饭洗澡梳头，夜里同衾而卧，辗转说话几至天明。

然而娥皇在宫中生了病，仍不叫女英入宫去瞧她。只说无大碍，不必劳师动众。

病娥皇是担心着俏女英邂逅李煜吗？也许她凭借直觉，发现女英和李煜更能一拍即合？

再一层：娥皇着实怜悯庆奴，亲手安排了庆奴的进身之阶。为女人者，做到这一点委实不易。领导后宫要雍容大度，鸡肠小肚的女人焉能母仪天下？可是女英入宫，情势将发生微妙的变化。怎么变又说不准。两情相悦是个谜，男女邂逅更是谜中之谜，堪称人类意念的顶级谜团。刹那间的阴阳交流，那喷溅出来的火花难以预期。这情形好比自然界的种种奇观，好比艺术大师的艺术。

庆奴固然不错，却跟女英不好比的。一般人也许看不清，但娥皇能看清。所谓明眼人知道美的细节，洞察美的韵律。庆奴的野性毕竟有人为的痕迹，女英则是天性所致。贫家女孩与贵族少女有区别，童年的环境要渗入皮肤。而在美的领地中，意志能去染指的地方是有限的。也许贵族少女美得更纯粹，她不必对柴米油盐有过多的顾视。美目与美器相得益彰。托尔斯泰巨著《战争与和平》中的娜达萨，汇集了俄罗斯贵族少女的若干元素。曹雪芹写《红楼梦》，让钟鸣鼎食之家的优雅女性姿态纷呈。

简单地说，女英之美起点高。

五官不仅是五官，身材不仅是身材，调动姿容的是叫作韵味儿的那种东西。人是能够捕捉韵味的文化型的物种，赖有审美之眼，方有韵味儿之呈现。可惜文化的累积效应亦有限，古代之优雅女性，不可能细腻地毕呈于今天。凭借着文字和文物，人们所能做的，只是"无限的逼近"而已……

娥皇回娘家闭口不谈皇上；生病了，又不让牵挂着她的妹妹入宫探视……女英对于这些，是否有过一丝猜疑呢？十五岁的少女，已能敏感男女情事。姐夫是属于姐姐的，哪怕他是南唐皇帝，他还是仅仅属于姐姐，而与小姨妹无关。

女英想到这一层可就比较委屈了，原来她并没有一个真实的姐夫。她从小到大念叨过无数次、想象过无数回的姐夫，以为他近在咫尺，其实他远在天边。周家的宅第就在皇城边上，坐车须臾而至，等于抬腿就过去了。可是一年又一年，宫墙隔断了女英的视线。她不能抵达一箭之遥。

心有不甘。

少女要行动啦。她去央求母亲，软磨硬缠的，母亲没办法，只好捎信给皇太后钟氏，请太后恩准，让女英入宫去探视姐姐。太后下旨，命女英择日进宫。一日，家门口停下了一辆有帘子的宫车，宫车上走下来一个满脸堆笑的黄衣太监，女英登车而去，欢天喜地的样子。入宫后她住进柔仪殿，柔仪殿离瑶光殿很近的。她叫太监到瑶光殿打探，太监回来报告说，皇后娘娘的病差不多全好了，还亲自到教坊演练舞蹈，迎接皇上从武昌归来。女英想：我住几日再过去看姐姐，免得她早早地把我打发回去。

于是女英在宫中闲逛，由一个小太监带领着游了上苑，登上了百尺楼。皇家园林好气派！女英却对太监说，宫中的一草一木待她很亲切，像是故地重游。柔仪殿虽不如瑶光殿富丽堂皇，却也小巧别致，三进院子一座西楼，女英住楼上，开窗绿叶扶疏红花鲜亮。初夏时节，遍地风物恰似少女情怀。女英忍不住要去勾勒李煜的日常形象。和瑶光殿一墙之隔的，是皇上批阅奏章、与大臣们议国事的澄心堂。澄心堂内有个光政殿，乃是南唐的权力核心，颁发诏令之处。太监说，澄心堂大得很呢，单是练武场就不知占地几十里，跑得战马万千，容得士卒无数。而在瑶光殿这边，丝毫听不见喊杀之声。

女英不禁想：南唐三千里江山，数百万人口，真够姐夫操劳哩。

她在闺阁中熟悉的那个李煜，看来只是李煜诸多身影中的一小部分……

女英闲步到教坊，碰上独自练舞的庆奴。庆奴的容貌舞姿是让她眼睛一亮的，庆奴的眉眼儿也和她有几分相似。可是对方的神态分明是警惕她，对她不友好。于是她也不友好，抛下两句挑刺的话，转身走人。她走进花树掩映着的黄昏小道，视域向后，犹自感觉到背上有两道灼热的、敌意的目光。

这一次偶然相遇，女英对庆奴印象欠佳。

女英心想：姐姐手下的宫娥都是这么心高气傲瞧不起人吗？

这一夜月明星稀，女英在灯下翻了一会书，忽闻一阵悠扬的笛声从远处传来，便抛书倚窗，凝神倾听。月光如水，暗香浮动，人在西楼，芬芳遐思悄然至矣：姐夫回宫了吗？月下横笛的男人莫非就是他？

月光竟然把女英的双颊烧烫了。

没人见过这一幕，唯有上天在瞧着。

事情偏有凑巧，次日李煜回到金陵城，照例先探视母后，然后在光政殿召集群臣议事，从正午议到太阳西沉，方脱下黄袍，穿上细麻衣裳，辇车驶向瑶光殿。车过宫墙圆门时，李煜远远地看见一个背影颇似庆奴，斜穿秋千架，款款走向荷叶初圆的池塘边。倩影如许，李煜不觉心动，看她映在夕照里池塘边的侧影，竟有些呆了。出巡前娥皇特意讲过庆奴的，并半开玩笑说，庆奴向楚巫学过变身术。此时李煜依稀觉得，庆奴和当日确有不同，步态、衣饰，光彩照人，看来是下过了一番功夫，要重新美给他瞧。

李煜叫赶车的内侍暂停，他朝池塘走去。

二十八岁的男人走在夏季的这一刻，周遭鲜花开得饱满，归林鸟掠空鸣叫。他巡视四十多天，只带了几个普通宫娥。

此一刻，身心俱饱满……

渐近那背影时，李煜想：庆奴倒像十几岁的女孩儿。

其实庆奴一直像女孩儿的。李煜是经娥皇提醒才意识到，庆奴已是二十出头的大姑娘了。

那池塘边的女孩儿听到脚步声，转过身来。双方都有点吃惊。李煜想：这才几时未见？庆奴又长漂亮了。

是那种说不清的逼人的艳力……李煜喉头发紧，言语困难。久违的紧张又来照面了，居然是由于庆奴！李煜亦稍稍存疑，却将疑窦抛开。

李煜勉强笑道：庆奴真能变，叫人认不出了。

女孩儿微微一怔，打量着他的闲散穿戴，说：我也认不出你，请问你是谁啊？

女孩儿说话时，那动人的杏唇玉齿不太像庆奴，莫非画了什么新妆？眼睛、鼻子、脸型、神态、语音，也显出异样。

李煜想：全变了。妩媚女儿百变身……

他说：大胆俏丫头，敢这么说话！就不怕罚你做功课，抄三遍《金刚经》？

几年前李煜罚过庆奴抄书的。

女孩儿细眉一挑：你这人口气蛮大，像昨晚那个跳舞的领头。请问，你有什么资格惩罚我？

李煜笑道：庆奴你……

女孩儿打断他：谁是庆奴，庆奴是谁啊？

李煜想：庆奴今日要陌生到底，巫婆教她这么做。

他沉吟道：既然你不是庆奴，那我也不是李煜了。我和你是刚认识的两个市井男女，行了吧？

女孩儿说：你本来就不是李煜，你敢称李煜吗？

她曾听说过，李煜有几个弟弟，郑王、邓王等，也许常在宫中走动。

李煜没奈何，摇摇头说：你非你，我非我，这已经够了嘛。市井男女初见面，彼此有好感……

女孩儿冷笑：谁对你有好感了？

其实女孩儿对他的风度是认可的，欣赏的。她这么说话，是因为心里装着那位"真正的"、戴皇冠穿黄袍举止气派的李煜。这个形象已在她心中盘桓有年，扎下根了。

李煜说：皇后娘娘的身子大好了吧？这些日子你伺候她，

劳累了。

女孩儿说：皇后的病是见好了，可是我不曾去伺候过她。

李煜叹息：庆奴真是不拿自己当庆奴，你这一片良苦用心……

女孩儿皱眉头，再次打断他：你左一个庆奴右一个庆奴，这庆奴二字太难听！做奴才有啥值得庆贺的！

李煜笑了：朕给你重新起个名字吧。俗话说，女儿百变身，你变得朕都认不出来了，索性把名字也换掉。

女孩儿生气了，翘翘鼻头微颤，厉声道：你竟敢冒充天子，按律当斩！

李煜想：生气的模样也不大像庆奴。

他本想拿她生气的俏模样开个玩笑，却说不出口。喉头又一阵发堵。女孩儿艳力逼人哪，一个表情一种俏：矜持、冷笑、皱眉头……李煜阅美多矣，似乎不曾如此紧张地面对过一位女子。

他现出一副呆相。

美是炫目之物，美叫人六神无主……

女孩儿转而笑道：吓着了吧？当今皇上虽然和蔼可亲，可你也不能胡乱冒充。朝廷要有规矩，凭你是谁，不可以乱说话。

李煜定定神，望着女孩儿的额头（他几乎不敢直视她的眼睛）说：庆奴，你是学了传说中的易容之术吗？抑或你有魅魑附体？朕今日算是开了眼界。你若不喜欢庆奴这名字，朕择吉日，替你新起一个……

女孩儿第三次打断他：哎哟，你又来了。天底下最讨厌的人就是这个庆奴！第二讨厌的是你。我不跟你废话了，好端端地惹我生气。

女孩儿转身走开，往西朝着圆圆的落日，婀娜身形镶入火红的日影。这转身，这步态……越发不像庆奴。

李煜不觉转狐疑，脱口问道：你不是庆奴，那你是……

女孩儿边走边侧过脸颊，抛给他一句：你先报上姓名。

李煜说：南唐皇帝，姓李名煜，字重光。法号莲峰居士。

女孩儿已走出十余步，倏然转过身，吃惊地睁大眼睛，双脚定在石板路上。

她变得口吃了：你、你真是、是……

灵动舌头一时僵住。

四目交汇于空中，竭力想要弄明白。其实双方都趋于相信，刚才委实弄错了对方。两个人傻乎乎对了许多话，句句离谱，又仿佛声声合拍。

李煜说：轮到你了。

女孩儿慌忙道：婢子女英，拜、拜见……

女英未能完全确认，所以她慌乱，欲拜不拜的样子。这情态亦复撩人，端端不是庆奴。

李煜笑道：原来是娥皇的小妹妹，朕听说过你。

女英盈盈拜倒：婢子女英冲撞了皇上，真该死。

李煜走近她说：朕恕你无罪，请起，请起。

女英起身却显得艰难，她拍拍裙子，弄弄腰带，头一味低着，不知何故。李煜在她跟前呢，姐夫……闺中无数念叨，汇集成此刻的语塞，抬不起头，双眼只在地上，脸儿是红起来了，无可挽回的红，透露芳心的红，浸染到耳朵，漫过脖子，盖过身后的大红日头。

李煜呆定。这是他一生中的第二个美妙的、开端性的瞬间，瞬间生发无穷瞬间……

唉，一个抬不起头，一个说不出话。却合力完成了一个瞬间，制造出原子裂变。

女英终究是女英，仰了脸儿说：这夕阳红得。

李煜说：这园子里也是，红花烂漫。

二人含笑对视一眼，各自的脚一齐动起来了，朝圆圆的、欲下未下的落日走去。

那立在御驾旁的内侍有点傻眼。

过了一会儿，他坐到地上，抱膝打盹儿，头靠着车轮。一梦醒来，光线很暗了，四下里静悄悄，花树间有一层薄雾。

次日黄昏，李煜和女英复于池塘边见面，缓步走向假山那边。彼此也未曾约定，那夕阳沉下去，二人几乎同时抵达，相视一笑，朝那座高数丈、长约百米的牛形假山走去。脚步与昨日分毫不差，谁左谁右也相同，仿佛事先商量过。

少女步子轻快，山顶有亭翼然。山前空旷，立着几块雕塑般的太湖石。

此刻，人在空旷身心如洗。纯粹的恋情排斥身体的接触。

总会有接触，但此刻不接触。

心有灵犀一点通。肌肤与气息，则处处标示着此路不通。

恋情是雾状的东西，恋爱不透明。恋情的纯度，取决于雾的浓度，漫天大雾最好。

奇怪的是，女英并不问宫中的各种事情，闺阁里的那些个好奇心一下子全跑掉了。她是女英，和李煜并排走，或是斜倚太湖石望望浩瀚星空。皇家园林不过是她的情感道具而已。司徒家的小幺女，可不是一名普通宫娥。她脱口叫一声姐夫，含羞扭头。过一会又问：我可以叫你李煜吧？叫皇上怪别扭。

她哼霓裳曲，随意舞一通，嫦娥羞得云遮月。

她对李煜说：明天我们……

俄顷又改口：要不后天吧。

她忧愁，垂下眼睑。一日不见咋得了……

她投向李煜的眼神说：你呀，你呀，你不是君主该有多好！

而类似的感慨也曾发自娥皇，无边的爱意让权杖失去了分量。

这个神奇的夜晚，让李煜再一次面对那种久违的荒诞：最不想要权杖的人，偏偏操上了最大的权杖。十五岁的女英，警敏、端庄、纯粹、泼辣的女英，直面事物本身的女英，唤起他受到压抑的本性。天底下最愚蠢的一件事儿，莫过于穿黄袍坐龙椅君临天下。什么龙辇龙床鸥吻，什么行宫离宫正宫，什么万岁千岁百岁，所有这一切，汇集成一个荒诞。金光四射的权杖，怎比得情人手上的一朵玫瑰花？批不完的奏折，宣不完的圣谕，听不完的汇报，怎比得说不尽的绵绵情话？

这个神奇的夜晚，即位三年多的李煜得以返回他的赤子本源。

他忽然明白了：当年叔父景遂，为何宁愿做一名球场好手，而不愿再去主持东宫。

一名球手可以淋漓尽致地享受生命，一个皇帝却不得不百般扭曲，异化生命。

这世上，有些人为权杖拼死拼活，有些人却只求把生活变成艺术，把艺术的价值推向人类生存之巅峰。

李煜和荒诞面对面了，油然而生惆怅。

女英唤起他的荒诞感，当初娥皇也如是。这姐妹二人……

李煜默念空王，那不知居于何处的空王。

女英望着他说：后天……

李煜摇头：明天吧，我退朝时叫内侍给你传话。

女英大喜过望，踮脚张臂，要拥抱的样子，却被"千年礼教"挡在了半途，发不得力，软软垂下了，像一股过路风举起的柳条。

花明月暗笼轻雾，今宵好向郎边去。刬袜步香阶，手提金缕鞋。

画堂南畔见，一向偎人颤。奴为出来难，教君恣意怜！

四十几个字，环境、人物、情态全出来了。

时人评价"极俚极雅"。

词中只见恋人情侣，哪有皇帝国主的影子？南唐李后主，亲手破了皇权覆盖一切的丑陋规矩。词写初夏光景，女孩子在薄雾中穿行，鞋子拿在手上，发烫的脚接触凉凉的地面。画堂南畔是幽会的新地点，与池塘边假山前有所不同。堂者，室矣。室中有何物？不言而喻矣。云雨深绣户，可以谐衷素……

奴为出来难，教君恣意怜！

礼教下的女子，喊出这一声不容易。热烈而又娇滴滴。

恣意怜，怎么个恣意法？

女英是既美又泼辣，几乎全凭感觉行事。女英幽会李煜也有节制，她"出来难"，并非有人看守着，是她冲破自己艰难：她身处爱情和亲情形成的张力之间，她火焰般的身体是个受力点。

女英和李煜，一见面就互相爱上了，就像十年前，秋游的娥皇和垂钓的李煜相遇在江边的那一幕。

女英"警敏有才思，神采端静"。警觉，机敏；端庄，娴静。这漂亮女孩儿，将异质性的东西集于一体，其日常情态不难想见。曹雪芹的大观园，看来收不尽天下女子情态，娥皇女英走进去，卓然特立，艳比钗黛。

公元 964 年的这个盛夏与初秋，女英赴画堂南畔多少次？想必不止一次吧。她止不住的颤抖多迷人啊。她是中国式的女孩儿，她可不是洛丽塔。

女英爱在十五岁，也是爱在姐姐娥皇的二十九岁，这事有双重的蹊跷。

爱到极致很危险的。

可是，活着就要燃烧。

至情至美如女英娥皇，双双环绕李煜，情之烈也，意之浓也，一年堪比十年。如果上帝他老人家是这么安排，后人也就无话可说。

人类之至乐，大约莫过于情人之朝朝暮暮。活着真好，短暂者亦能一窥永恒。

像李煜这样的大男孩儿，坐龙椅多年而不失赤子之心的罕见的人物，他的兴奋掩饰不住。

深谙情事、深知檀郎的娥皇是否有察觉呢？

第九章　秦楼不见吹箫女

陆游《南唐书》记载："初后寝疾，小周后已入宫。后偶褰幔见之，惊曰：汝何日来？小周后尚幼，未知嫌疑，对曰：即数日矣。"

娥皇显然不高兴。

她嫉妒十五岁的小妹吗？她担心她的檀郎移情别恋吗？

嫉妒和担心都有道理。将满三十岁的女人如何不担心？入宫十年是她辛勤劳作的十年，生活开出了芬芳的花朵，结出两枚骄人的硕果：仲寓，仲宣。娥中之皇筹划着她的下一个十年计划，绝世之美压倒当年三十八岁的杨贵妃。宫中排练的又一台大舞《恨来迟破》，倾注了她的心血，置病躯于不顾。庆奴领舞也出色，李煜击节赞赏，厚加赏赐，将他随身多年的玉佩赐予庆奴。秋水、宵娘、流珠、宜爱，各有所得，皆大欢喜。庆奴跪接玉佩时双手颤抖，泪珠儿打转。她即刻沐浴焚香佩上身，向空王画像作揖叩头，一溜烟跑到园子深处，又发了一回呆，抹了一回泪。

庆奴管竹夫人叫湘君，管玉佩叫湘玉。

侍寝之事没了下文，真可怜见的。

156

女英的故事在宫中悄悄传开。秋水十六岁，原本是要嫉妒、为娘娘也为庆奴抱不平的，及至见了女英，不禁暗暗吃惊，妒心跑到爪哇国去了。宵娘也有同感，与秋水私下议论说：女英和皇上俨然绝配！周氏姐妹专为皇上生哩。或者倒过来说，皇上专为娥皇女英……

庆奴不想听这些议论，捂住耳朵跑开了。

娥皇听不到的。

有一天，娥皇复觉身子懒懒的，歪在枕头上，庆奴替她轻轻打扇。园子里夏虫唧唧，房内炉香静绕。娥皇瞅庆奴好一阵，抚摸她的纤手，一声轻叹。主仆相处多年，心意本相通。庆奴低了眼，摇团扇掩饰她难以启齿的忧伤。

娥皇说：你见过我妹妹吧？

庆奴点点头。

娥皇沉默，望了望帷幔外边，又问：依你看，女英她……

庆奴使劲点头，娥皇明白了。

有些话，二人敏感在一处。说也难，听也难。

娥皇怔怔的，庆奴怔怔的。二人又呆在一处了。

虫唧唧，鸟飞飞，炉香静逐游丝转。

此一刻名叫没情没绪，恼也没处恼。

良久，娥皇咬咬下嘴唇，庆奴便知，娘娘要做出某种决定了。

女英被姐姐给禁闭起来了。禁于柔仪殿，由内侍总管庆福亲自"看守"。庆福是跟随过先皇的，有资格，有忠心，有功劳，近年越发敢说话，敢谏"今上"的不是。庆福对女英毕恭毕敬，又亦步亦趋，影子似的，不离女英左右。女英发怒他就赔笑，反正他笑了半辈子，平时不笑亦笑的。女英也能走出柔仪殿，庆福便跟着，隔她十几步的光景。女英赏花弄草有意磨蹭，庆福站半天一动不动，柱子似的竖在那儿，黄衣衫儿随风起落。这功夫叫女英吃惊不小，于是明白了：笑和站原是太监的两样基本功夫。

庆福笑站自如，女英哭笑不得。

又一日，娥皇让庆奴扶了，到柔仪殿来看望妹妹。女英赌气哩，只称娘娘，不叫姐姐。娥皇软语抚慰妹妹，女英和衣倚枕，做姐姐的便坐床沿；女英上西楼，娥皇又赶紧跟去，上楼梯颇吃力，脚软，腰酸，不觉停下喘气。妹妹回身扶姐姐，却说：你既然身子不好，跑来做什么？

庆奴说：娘娘特意来看你。

女英说：我跟姐姐说话，丫头倒来插嘴。宫中是这等没规矩吗？

庆奴给呛得脸都白了，只强忍着。万岁爷也不曾对她这样！

娥皇笑道：阿弥陀佛，你总算叫了我一声姐姐。

女英只不理会，扭头瞧了雕窗外。

日影横斜，几只画眉在绿叶里。

室内的三个人一时无话，庆奴立在门边。

女英望着圆圆的落日，思檀郎，泪水顺着精致的鼻子下来了。

十年前，娥皇苦思钓鱼郎……

同是恋爱中的女人，何尝不理解对方？何况是姐姐面对小妹妹。女英已是李煜的人，迟早要册封的。娥皇暂闭妹妹，一来是因为妹妹年龄小，二来是让李煜掂量她的郁闷，她的不安。女英小她十四岁哩，爱起来又如火如荼，情势的发展是谁都说不准的。李煜也说不准：纵是山盟海誓，管得了一时，管不了永久。李煜曾对她说过：不知你少女时怎生模样。李煜为此叹息，未曾见过她的十八岁，更别说十五岁！女英入宫，却庶几让李煜补上了这个遗憾。然而女英是女英，和姐姐的少女时代有相似更有差异。女英更激烈，不管不顾的，作为情人更纯粹。而娥皇这些年从王宫、东宫到后宫，般般努力，几乎面面俱到。她固然有妹妹不能及的仪态、风韵，可是单论火热情怀，未必能在妹妹之上。

江南姐妹花，花色有殊异。

姐姐也是深爱着的女人哪，姐姐也有妒心……

娥皇的表情诉说着这一层，女英听不见的。热恋中的女孩儿哪能想得周全。

女英想不通的是：姐夫他不是皇上吗？下旨解禁谁敢不服从？她囚禁在柔仪殿已经整整七天了，一日好比一年！

女英甚至想：这柔仪殿莫非就是传说中的冷宫？

转念又想：姐姐不可能这么待她的。

再一转念：皇帝姐夫一定会来救她的。

女英念头快，长睫毛扑闪着黑黑的眼睛。

如此这般的俏模样，连心里不爽的庆奴都被她给吸引住了，不觉眨眨眼……

女英怨李煜有她的理由，而李煜不下旨不现身同样有理由。唉，两个理由要打架。女英不识李煜的理由——李煜如何不想她呀！然而仁者要掂量四方，不可囿于一己之私。国事家事情事……事事要关心。李煜尤其惦念着病中的娥皇。这十年哪，点点滴滴地走过来，一丘一壑亦风流。人是有记忆的生物，仁者尤其有记忆，美好或伤感的记忆。李煜怎能不去惦念娥皇！秦皇汉武不惦念，唐玄宗老来惦念，却一任杨玉环缢死在梨花树下："六军不发无奈何，宛转蛾眉马前死。"

李煜娥皇爱到中途，至死不能休！"当你老了，头发白了，炉火旁打盹儿，请取下这部诗歌……"

女英此间囿于年龄，看不见这些的。令人伤感的倒是，她很快就会看见，迅速地长大、成熟……

娥皇今日有几分窃喜，才叫庆奴陪着去了柔仪殿。姐妹二人，终须见面的。若问娥皇喜从何来？答曰：喜从李煜的表现来。整整七天了，李煜澄心堂处理完国务，辇车便径回瑶光殿，似乎对女英的住处不甚在乎。堂堂九五之尊，他若要驻跸柔仪殿，区区庆福怎么拦得住？娥皇的期待值，原以三日为限，现在都七天了，说明什么问题呢？说明一个娥皇不想去说明的问题：檀郎依然是她的檀郎！

姐妹二人的檀郎，这仿佛命中注定。谁让她们叫娥皇女英呢？这名字对李煜有心理暗示。

娥皇悄悄下决心，病愈之后大展风采。舞蹈，琵琶，围棋，词令，书法，彩戏，妆饰，样样不与往日同。二十九岁很年轻，三十岁美才起步。娥皇岂是强为美？她心里有数的。宫中的嫔娥都是她的好姐妹，她们的眼睛不说谎。娥皇皮肤细腻，身子圆润，胖瘦适度，称天生丽质最为宜。纤手拨弦长袖弄舞，又领导瑶光殿，暗助澄心堂，眉目间隐隐透出男儿气。美的元素尽在娥皇矣，女英她艳光四射，漂亮得毫无章法，有如奇峰突兀，却不能让娥皇收缩美的地盘！

你美你的，我美我的……

江南姐妹花，开在金陵帝王家。这位帝王也是通常意义上的优秀男人，既显赫又民间。他对女性的欣赏和敬重，对贵族阶层，对草根群落，对士子与商贾，俱称不朽之楷模。

一场三人舞已经拉开了序幕，序曲挺好。不和谐的音符预示着矛盾和冲突，却不伤大雅的，无碍大局的。向善是个基础。

女英亦如娥皇，自幼叩拜空王。何况做姐姐的，携同她心爱的弟弟掌握着局面哩。爱情亲情，形成持久的张力，力之舞围绕着两个中心。

只可惜……

公元 964 年的夏末秋初，娥皇疾病缠绵，春心勃勃。女英闭锁柔仪殿，"整日价情思睡昏昏"，一个人懒起走动，从外院走到里院。姐夫李煜戏称里院为蓬莱院，指精美庭院为蓬莱仙山，绰约仙子名曰女英。

女英却拖着一个影子，影子他叫庆福，站也站得、笑也笑得的庆福。

女英万般没奈何。"便纵有千种风情，更与何人说"？

伤心最是日落时。西楼莫凭栏，"苍山如海，残阳如血。"那池塘边，那假山前，枫叶染得园林醉，伊人却垂泪。

那李煜又如何呢？"衣带渐宽终不悔，为伊消得人憔悴"！

娥皇看在眼里疼在心头呢，却也紧张注视着，那个早晚要来的、与她无关的情爱沸点。

情沸时，捂不住的。

娥皇学过老庄，索性无为而为：对檀郎实行不干预政策。不问他的日程安排，不打听他的辇车行止。

当然她也不鼓励。处理情势要微妙，拿捏好分寸。这就是娥皇的风格。同时，她着手构筑自己的心理防线，把目光移向两个爱子，仲寓，仲宣，带他们到宫中的佛堂观佛事，拜空王。一如太后钟氏当初带李煜入佛堂那样。

总之，娥皇是准备好了。

而李煜的"情沸"也即将上演。是激情就得沸腾一回，情之力学有定理。

此间唯有女英，浑身上下是个无以名状的期待。情阻，恰如闷热天气孕育着电闪雷鸣、豪雨如注。

这一天终于来了。

李煜的《菩萨蛮》，也写他和女英的偷情生活。

> 蓬莱院闭天台女，画堂昼寝人无语。抛枕翠云光，绣衣闻异香。
> 潜来珠锁动，惊觉银屏梦。脸慢笑盈盈，相看无限情。

女英情困柔仪殿，大白天睡觉，横着睡，竖着躺，枕头乱抛。云发散乱，毫无意义地闪闪发光。李煜不在场，她变化着的身姿无处安放，室内透出缕缕异香。

词的上片带出下片：他来了。

"脸慢笑盈盈，相看无限情。"

寥寥几个字，将少女的天真烂漫与满腹幽情和盘托出。李煜随手一画，女英的如花笑脸传向千万年矣。也许古典诗词将汉语的表达空间推向了极致。简单的句子，朴素的画面，却让人看不够，其中必有缘故。汉语中存活的中国人，一代又一代，能受汉语艺术的感召。汉语言是个魅惑，方块字能搭建神庙。几个字说尽无限情，这不是魅惑是什么？"无限情"三个字若挪到别处，平常得很呢，到李煜笔下就立显神奇，为什么？

李煜的词，少年，青年，中年，老年，人不分男女，地不分南北，一次次的重读读不够，这里边藏着什么奥妙？李煜所浓缩的人生意绪、生存情态，无数次向人展开，这究竟是怎么一回事呢？

晶莹剔透的文字，乃是生命张力所铸就，比地力造就的钻石更久远。

二十八岁的李煜受少女女英的吸引，理由比较充足。他不滥情，要滥早都滥了。毋宁说，是女英将他击中。二人相遇的一刹那，生发太多。情潮袭来挡不住，瞬间效应标画出纯度很高的爱情。这爱情实打实，分毫不掺假。少女情态是李煜所陌生的。庆奴秋水宵娘，李煜也欣赏，却有意无意的，把她们处理成欲念盲点，定格为欣赏对象，娥皇之艳遮挡他的视线。庆奴的悲哀正在于此，欲实现侍寝理想一波三折。"春殿嫔娥鱼贯列"，女孩儿的特殊韵味点点滴滴浸入他的潜意识，汇聚成一股力量，忽然有一天，冲着天赐般的女英喷发。

她美得毫无章法。

娥皇显然不是这样。她在美的领域中处处创新，引领着时尚，却还是美得有章可循。努力有方向，她不可能同时朝着四面八方。一朵花不可能绽放成另外一朵花，桃花不作李花白。

娥皇女英，犹如风格迥异的艺术品。

更要命的是，李煜也是艺术品，内美外美登峰造极。

恋爱是一场修炼，好男儿在爱河中尽显好身手。

爱在微妙处，在张力之间……

曼妙的三人舞已经拉开了序幕，高潮孕育在它的开端中，恰似早晨的太阳迈向正午。那命运之神却来横插一手，喝断大曲，把满天朝霞变成垂暮的、死气沉沉的黄昏。

也许神的意图是：莫让人间上演这种可作示范的男女三人舞。

将满四岁的仲宣突然夭亡。

仲宣在佛堂内玩耍，小孩儿爬高，撞倒了大琉璃灯，受剧烈惊吓，诸罗汉顿成凶神恶煞。人又从高处摔下来，跌伤不说，更吓得当场昏死过去。其后数日抽搐不止，竟然夭亡。

李煜突遭厄运，大悲。死神挡住了爱神。

思幼子整日哭泣。仲宣生得眉清目秀，像李煜也像娥皇。三岁背《孝经》一字不漏，又顽皮又听话，李煜夫妇爱如掌上珠。娥皇卧病，仲宣学父亲端水侍药、在妈妈身边和衣而卧。娥皇亲她的宣儿一向亲不够，李煜、仲寓要吃醋哩。好端端的宣儿，玲珑可爱的宣儿，忽然就没了，小棺材埋入地下，和尚念经超度，灵幡漫天招魂。

四川民间有俗语：乖娃儿是路上跑的，不落屋的。

生得精巧，命如灯草。苏东坡与王朝云生下的遁儿是个例子，小模样又乖又精巧，却忽然遁入云霄……丑娃儿倒是存活率高。民间的东西总有几分道理。邻里之间称赞婴孩，四川人总是说：你家小孩多丑啊，丑丑逗人爱……生子太漂亮，谨防厄运从天降。

李煜痛哭幼子，却还得苦苦瞒着病娥皇。

李煜《悼诗》云：

永念难消释，孤怀痛自嗟。雨深秋寂寞，愁引病增加。
咽绝风前思，昏漾眼上花。空王应念我，穷子正迷家。

万箭穿心的李煜求助于空王：帮帮那走上了不归路的儿子吧，幼稚身影赴黄泉，东瞅西瞧，恓恓惶惶，佛祖引他上天堂吧！

人生到了最无助的时刻，李煜自然而然地乞求空王。生有限，死无常。"无常"规定着一切众生，没人可以宣称例外。空王在人世间有足够的、不能测量的显现空间。

设身处地为李煜想想：此刻他除了求空王、求我佛慈悲，还能求别的什么？

我们要学会尊重一位虔诚的佛教徒的内心。

生与死的偶然性谁能说清？连宇宙的起源也是有偶然性的，大爆炸之后的宇宙是如此匀称，难怪霍金先生要为上帝献上一份特殊的敬意。

对不可道说之物，我们要学会沉默。人类是断不可能具备终极理解力的，眼下连地心、人心（意识结构）都搞不清楚，差得远呢。所以我们对自然对人世，要有一份虔诚。不要摆出一副自以为弄懂了全宇宙的样子。

李煜一面乞求空王引渡仲宣的亡灵，一面瞒着病娥皇。母子情深，甚于父子。娥皇若知宣儿夭亡，那怎么得了！

《南唐书》载："仲宣殁，后主恐重伤昭惠后心，常默坐饮泣，因为诗以写志，吟咏数四，左右为之泣下。"

李煜默坐饮泣的形象，令无数男女为之辛酸。

爱人者是这样，而杀人成癖者，连亲情都会麻木。

李煜默坐时，心被撕成两半：一边是无尽的伤痛，另一边是无限的惶恐。

娥皇迟早会知道。李煜只盼多瞒些日子，让娥皇的病体能承受。然而那西风越吹越紧，秋气主肃杀，木叶凋零。

此间李煜拜空王，侍汤药，强作欢笑。

病榻上的娥皇沉沉睡去，李煜几回默坐通宵？

有时他实在疲倦了，靠在椅子上打个盹儿，梦中听到笙歌奏响。"佳人舞点金钗溜。红锦地衣随步皱，酒恶时拈花蕊嗅……"娥皇的笑脸是多么灿烂啊，可别让她凋零才好！

李煜梦醒时，把目光移向病榻。

这些天，娥皇几次唤她的宣儿，李煜找理由搪塞。可是母子之间有感应，娥皇老做噩梦，梦中的仲宣不是升天就是入地。娥皇惊醒，大呼宣儿。李煜不知所措。

娥皇瞧众人神色有异，越发起了疑心，立刻要见仲宣。这事瞒不下去了，李煜只得告诉她真相，乞求她将息身子，为他，为仲寓，为家人，为南唐……

娥皇点头答应着，泪流不止，咬唇出血。

娥皇挣扎着要活下去，却每每听见宣儿在半空呼喊母亲。

她哭着对李煜说：仲宣迷路了，迷路了，孤零零飘在空中……

李煜大声道：文善禅师带着宣儿！

娥皇将信将疑：大法眼禅师照顾咱们的宣儿吗？

她艰难地欠起身，朝空中喊：佛祖垂怜啊！

瑶光殿哀声低旋，内侍宫娥皆垂泪。女英浑身发抖，长跪姐姐的病榻前。娥皇拉她的手说：小妹，姐将去矣。

女英号啕。李煜以头撞墙，额头冒血。庆奴急了，咬牙对娥皇说：娘娘莫去寻仲宣，你这一去，我们咋活？万岁爷金口玉言，仲宣在天上过着好日子哩，文善大禅师引他到极乐世界！

娥皇含笑重复说：极乐世界，大禅师……

她的声音很虚弱了。病转沉重，花容苍白。

她确实很想活下去，首先为了她的檀郎。

"绣床斜倚娇无那，烂嚼红茸，笑向檀郎唾。"

多少欢娱的时光啊："临风谁更飘香屑？醉拍阑干情味切。归时休放烛花红，待踏马蹄清夜月。"

她何尝不希望活下去？二十九岁美才开头……

美无尽矣，善未休。今生今世伴檀郎，白首双星竞风流！

可是她一闭眼，就看见迷失于黄泉路上的小仲宣。

夜里浅睡身子侧动，分明是幼子在拽她。

留也不是去也不是，叫周娥皇如何是好？

两边都在喊她的名字，而阴间声音渐大。

病入五内了。太医把脉后，对皇上直摇头。

秋末冬初了，"无边落木萧萧下"。

这一天娥皇稍有些力气，双颊泛红，美目格外明亮。她对床边的李煜说：去那边也好。

李煜俯身到她耳边：你去我也去。

娥皇瞪他一眼，嗔怪道：可不许胡说，宣儿有我就够了。

李煜说：你到哪儿我就到哪儿。这边也有许多牵挂，只怕我身不由己。

娥皇瞅着他，良久，说：随你吧。怎么都行。

她谈起后事，如叙家常。——

庆奴是要交待的，入宫十余年，苦恋着皇上；女英倒不用她操心；仲寓七岁，健如小犊，令她欣慰；赵匡胤的宋军远征西蜀，但愿耗尽他国力才好；《霓裳羽衣舞》要传下去；育娘新创了一种以脚尖点地的单人舞，挺好……

娥皇说累了，望着窗外出了一会儿神。

打更的声音远远地传来。

阴间也有更声吗？

娥皇微笑说：我再想想，还有什么事需要交待的。

人生有限，人事无尽。操心哪有尽头？爱这人世间，牵挂多少人，南唐俏娥皇是这样的！

此刻她双颊赤红，像着了火……

据《南唐书》，娥皇临死前，拉着李煜的双手说："婢子多幸，托质君门，窃冒华宠十载矣。女子之荣，莫过于此！"

娥皇郑重立下遗言："请薄葬。"

娥皇生前节俭，嘱托身后事，仍不忘树立节俭的榜样，她不仅约束了瑶光殿，也会影响澄心堂。南唐曾经盛行厚葬之风，仕宦人家往往竞争排场，花销巨万，娥皇以国母的身份带头破这陋习。国库里的银子，源源不断送到汴京去，娥皇是清楚细节的。薄葬之风若起，将为国家节省大宗的钱财。

娥皇撒手西去，为她心爱的檀郎做了最后一件事。

李煜十年敬重她，使她感到莫大的荣耀。可她的荣耀也是她自己努力得来的。向善向美不辞心力。做女孩子的时光她就开始努力了，她活得认真而投入。女儿态十足，又有巾帼英姿。想想她挑灯攻读书史的模样吧。南唐女子昂扬，非唯三从四德，此风延入北宋，市井女人也奋力拓展她们的生活空间，挑战男权。男女互敬之风，初现于南唐。一个"敬"字大不易，它是书写在命运层面的。

历史长河中，男女皆有杰出个体，活出了个性风采，却并不给旁人制造压迫和不幸，李煜娥皇皆为典型。而中国封建史，女人尤其受压迫，所以娥皇的生存姿态给人留下的印象深。

高贵而又平凡，美丽而又朴素，才华横溢而又蔼可亲。

娥皇李煜交相辉映。

作为政治牺牲品的杨玉环、貂蝉之类，不好跟娥皇比的。

二十九岁美到巅峰，上帝安排她长眠地下。

公元 964 年十一月初二，娥皇殂于瑶光殿之西室。

咽气之前，回光返照时，她沐浴，焚香，穿了纤裳，梳了云高髻，画了鬓朵妆，躺在她平日用的珊瑚枕上，盖上三层锦被。也许是预防黄泉路上的寒冷。她一遍遍追思仲宣时，就觉得他在路上冷……

宋人笔记《玉壶清话》记载：娥皇临终，将先皇送她的烧槽琵琶交给李煜；又喘着气，褪下"常臂玉环"，放在李煜的手掌中。

奴去也，莫牵连！

舞过多少次的一双玉手，缓缓垂下，指尖从李煜的掌心滑落，滑向遥远的阴间……

李煜去投井，被左右死死拖住，这事史料记得明白。

那井口不大，庆奴庆福双双扑上去。

李煜辗转寻死，宫中大恐慌，内侍嫔娥总动员，将刀子绳子一类的东西统统藏起来了。池塘边站着水兵，高楼上武士把守。

短短一月之间，爱子夭娇妻亡，像孩子一样纯粹的李煜如何活得下去？唯求速死，一家三口重新在天国团聚。

爱人者是这样的，爱之深方痛之切。

杀人者断断不是这样，无论他如何唱高调，无论他的御用文人如何包装。

李煜去寻死，却并不知道，历代帝王，像他这么欲与爱妻娇儿同赴黄泉的男人绝无仅有。皇帝有的是女人，有的是皇子，这两样"东西"他并不稀罕。一根权杖远胜于八千嫔妃和任何亲骨肉，比如那个汉武帝。

而李煜撕心裂肺的疼痛无边无际。他脸上闪烁的泪光，是人道主义的光芒。他是天地间深爱着自己的女人和孩子的男人，与民间好男人完全一样。因其皇位，更不寻常。

皇权意识淡薄如李煜者，厚厚的史书中能翻出几个？

爱人，爱家乡，爱祖国，乃是环环相扣。想想屈原吧。

所谓皇帝爱江山，原本是一句蒙骗千年的假话。不爱身边的人何谈爱江山？皇帝爱他自己。他的所作所为，不过像狮子王或狼首领维护它在兽群中的统治地位。

就生存向度而言，李煜根本不是什么皇帝。

古人讲他误作人主，堪称词中之帝，其实隐含了对人主的批判。王国维先生更进一步，说李煜"不失赤子之心"，这话意味着：坐上龙椅穿上龙袍的人，或多或少都失掉了赤子之心。

南唐李煜，是皇权谱系中的一个难得的例外。

可是为何总有一些人认为赤子之心不重要、人道主义不重要呢？一味避开真善美的人，他究竟想要什么呢？

深入李煜的价值，则同时意味着：揭示这价值的反面。

李煜如此伤妻痛子，一个正常人是会受其感动的，哪怕他不识字。而识字多的冷面学者草草带过，笔墨急匆匆转向杀伐，很详细，很起劲，动不动就这儿砍头一万，那儿斩首七千的，影响实在恶劣……

公元 964 年末，金陵的冬天真寒冷。

体格匀称的李煜，此间瘦得不成人样，四肢乏力，"杖而后起"。二十八岁的男人，走路需用拐杖。

冬雪，冬雨，冬阳，处处有娥皇的身影。巨榻，香帕，琵琶，无不勾起他的伤心记忆。娥皇初逝，他只要寻死，对妻子的旧物倒不敏感，也无暇触景伤怀。及至在众人的哀求下恢复了一点生的念头，他才看见往日的娥皇，朝夕闻其言，听其声，辨其味。旧枕，旧帕，旧香炉……所有的旧物弥漫于他的周围。可他只住瑶光殿，拒绝搬到别处去。他是倔强的男人，固执地迎着铺天盖地的痛苦记忆。

动过了自杀念头的人，还有什么人间痛苦不能承受？

李煜万般伤情处，向后人透露出勇士的内心。

守着旧物，回望爱人的点点滴滴。消瘦才好呢，憔悴才合他心意，形销骨立只为伊。

痛苦很亲切。

日复一日，李煜和各种各样的"负面情绪"厮守在一起，和自己的缠绵病躯厮守在一起。这挺好的，该来的都来吧。

痛苦通连着阴阳界。满腹惆怅，庶几使人眺望天国的风光。

死亡本能与生的意志交织着，后者只稍稍占上风。

痛苦生发更多的痛苦，而更多的痛苦会趋于痛苦的终点站。

一切正面或负面情绪，都会消耗自身的。

从冬天到春天，李煜艰难地消耗着。

李煜当然不自知。古典诗词为各类情绪赋形，但并不追问情绪。

仲宣死了三个月，娥皇亡故两个月，李煜未见传世文字，正说明文字的照面有它的时间性，或者说，有它的距离感。痛定思痛，再痛再思，方有词语的活动空间。词语之能亮相，意味着痛苦有间隙。

换句话说，娥皇玉殒香消之初，李煜只是哀号，斑斑泣血，恨不得从娇妻幼子于地下。那些日子，词语的间隔功能不能启动。

由此可见，陷于灾难中的人，提笔写灾难，难有佳作。例如：王弗死后十年，苏轼才写下《江城子·十年生死两茫茫》。

好作品是不期而至的。艺术品总是慢慢来，不着急。瞬间的灵感迸发，也有或长或短的酝酿期。词语和情绪什么时候会走到一块儿，碰出最亮的火花，呈现最佳的搭配？作家自己也不知道。没人知道。

李煜挥毫写书法。有三个字他在纸上、绢上反复书写，亦尝卷帛书于墙：鳏夫煜。

鳏有四层意思：1. 大鱼；2. 老而无妻曰鳏；3. 病人的样子；4. 夜不能寐，直直地睁着眼睛。

《释名·释亲属》解释："故其字从鱼，鱼目恒不闭者也。"

娥皇撒手西去，李煜一夜之间就觉得自己变苍老了。他孤苦伶仃，像失去伴侣的老人。他一副病容，夜里总是木木地睁着鱼目一样的眼睛。

这是一个绝望的男人，绝望的丈夫和绝望的父亲。

南唐几千里江山，以及女英刚刚带给他的火热爱情，此间都显得陌生了，虚无缥缈了。

行将就木之人，名叫李煜。

真想去死啊。

爱人至深的男人，抵达这样的心境是再正常不过了。没人能够责怪他置家国于不顾。

死，或活着，区别并不大。

阳世与阴间只一步之遥，他真想抬腿过去看看，那边也许不错。死亡有冲动的。一咬牙就过去了，看看娥皇、仲宣，久违的祖父、父亲、叔父，包括弘冀在内的几个哥哥。

可是多少人跪泣在他的病榻前啊，他美丽的小妹妹永嘉公主长跪不起。太后钟氏抱病来到瑶光殿，款款劝说。

那么，还是活下去吧。

李煜一声长叹。

词语一个个含悲列队而来。《诔昭惠后文》数千言，是历代诔文中的珍品。娥皇殂，谥曰昭惠。

昔我新昏，燕尔情好。媒无劳辞，筮无违报……执子之手，与子偕老……绝艳易凋，连城易脆……我思姝子，永念如初。爱而不见，我心毁如……呜呼哀哉，神之不仁兮敛怨为德，既取我子兮又毁我室！……呜呼哀哉，杳杳香魂，茫茫天步，抆血抚梓，邀子何所。……呜呼哀哉！

李煜埋怨神灵了。虔诚信徒出此语。

绝艳易凋，连城易脆。我思姝子，永念如初。

绝代之美远不止是五官加体态，美的元素多矣。娥皇在李煜身边成长为一代佳丽，不是偶然的，妩媚江南携同李煜纯美的目光将她勾勒成型。

李煜有五言《挽辞》二首，是著名的"合悼诗"。《全唐诗》注："仲宣年四岁卒。母昭惠先病，哀苦增剧，遂至于殂。故后主挽辞，并其母子悼之。"

　　珠碎眼前珍，花凋世外春。未销心里恨，又失掌中身。
　　玉笥犹残药，香奁已染尘。前哀将后感，无泪可沾巾。

　　艳质同芳树，浮危道略同。正悲春落实，又苦雨伤丛。
　　秾丽今何在？飘零事已空。沉沉无问处，千载谢东风。

唐宋诗词中，东风有两解：摧花；催花。

李煜又有怀念娥皇的《书琵琶背》《书灵筵手巾》，后者云："浮生共憔悴，壮岁失婵娟。汗手遗香渍，痕眉染黛烟。"

浮生，飘零，问空王，谢东风……李煜如此发哀声，充满了百般无奈的情绪。人间情怀是通向佛门体验的，二者融合，涌入笔端。

写在琵琶背、手巾上的诗，用五言绝句。此间的李煜，已能考虑形式问题。书法是力透纸背的瘦骨嶙峋，苍劲如松。

然而哀思婉转绵绵无尽，词语拽出更多的词语。

人被死去的亲爱者的旧物所包围，触物伤情，触景伤怀。偌大的瑶光殿，何处没有娥皇？一草一木都是她。庆奴庆福秋水育娘，眼中闪烁着她……

左右劝他去钟山新修的山舍养病（旧山舍都是娥皇去过的），他也答应，却迟迟其行。

守着家中旧物吧。守着她。

《病中感怀》："憔悴年来甚，萧条益自伤。风威侵病骨，雨气咽愁肠。夜鼎唯煎药，朝髭半染霜。前缘竟何似，谁与问空王?"

守着她，就意味着守着忧伤，守着自己的病躯。未满三十岁的男人，可怜白发生。

人在地上有病，她在天堂知否？

抬眼是她，低眉是她，转身是她……再漂亮的宫娥他也看不见的。娥皇泉下有知，庶几是个安慰吧。

金陵城常闻诵经之声。臣子向李煜报告说，百姓多有为昭惠皇后设灵堂者。

民间的灵堂，安慰仁惠的君王。

《梅花》这首诗，有个伤心故事的。

> 殷勤移植地，曲槛小阑边。共约重芳日，还忧不盛妍。
> 阻风开步障，乘月溉寒泉。谁料花前后，蛾眉却不全。

《全唐诗》云："后主尝与周后移植梅花于瑶光殿之西，及花时，而后已殂，因成诗见意。"

夫妻共同移植的梅花，殷勤呵护，只怕它栽不活，特意设了阻风的步障，趁月亮升起时，用寒泉去浇灌它。这里有讲究，冷月寒泉护梅魂。梅花开了，人却死了，花开人亡两不知。

《感怀二首》：

> 又见桐花发旧枝，一楼烟雨暮凄凄。
> 凭阑惆怅人谁会，不觉潸然泪眼低。
>
> 层城无复见娇姿，佳节缠哀不自持。
> 空有当年旧烟月，芙蓉城上哭蛾眉。

一个皇帝，怀念他死去的妻子到了这种境地，在中国历史上不曾有过吧？其实哪有什么皇帝，这里只有怀念着自己的女人的男人。所以他的悲哀，就是普天下通人性者的悲哀，通兽性者不在此列。

李煜此间的亡妻之痛，后来的亡国之痛，如出一辙。

拜读李煜，这是一个值得高度关注的史实。

仁者是能够怀念的，李煜是怀念和表达怀念的楷模。若问他何以能如此怀念？回答只能是：他是仁慈而单纯的男人，唯有这样的男人才能爱得如此之深，爱子，爱妻，爱国，爱世间一切美好的东西。五代十国虎啸狼嚎，李煜是个异数，发出纯粹的人的声音。中华几千年文化基因，金陵六十年以上的和平生活，孕育了这样的声音。

爱意本身，却预设了疼痛和仇恨的可能性。

让李煜蓄意去摧毁别人的生活，夺走他人的生命，等于让他摇身一变，立地成魔。

公元965年春，李煜在金陵伤妻痛子的时候，正是宋军大将王全斌在成都大开杀戒的时候。眼泪和鲜血都在流。仁者与杀人者发出迥然不同的声音。

我们不写杀人者的挥枪跃马，只看爱人者的无尽忧伤。

《病中书事》："病身坚固道情深，宴坐清香思自任。月照静居唯捣药，门扃幽院只来禽。庸医懒听词何取，小婢将行力未禁。赖问空门知气味，不然烦恼万涂侵。"

病中的心绪，弥漫着佛门的气味。赖有这气味悠长，方能抵挡万般烦恼。李煜童稚拜空王，少年悟禅境，壮岁识无常……一生牢牢伴随着佛性。

佛门气味护着李煜，烦恼与病毒，均不能侵入他的肺腑。他到钟山新建的山舍住了些日子，病去如抽丝。《病起题山舍壁》云："山舍初成病乍轻，杖藜巾褐称闲情。炉开小火深回暖，沟引新流几曲声……"

从万念俱灰、痛不欲生到小火深回暖、新流几曲声，李煜的这些日子是多么艰难。他不避艰难，直面人生的惨淡，消耗痛苦的能量。佛门气味，汉语艺术，是他抵御厄运的两件武器。

如果换成流氓皇帝，哪会如此艰难。死了一个娥皇，不是还有更年轻活泼的女英吗？夭折一个幼子又算什么？

入夏，李煜病体初愈，复于澄心堂视事。这一年南唐遭遇大面积旱灾，庄稼歉收，百姓有饥饿的危险。北宋在灭了荆南、平定湖南之后又拿下后蜀，摧毁蜀军四十万，生擒蜀主孟昶，并由赵光义出谋，很快将投降的孟昶鸩杀掉，以震慑天下。

孟昶的宠妃花蕊夫人被赵匡胤弄到汴梁宫中自己享用。这位善变的成都大美女，将带给宋宫血光之灾……

内忧外患，政务纷繁，李煜强化了光政殿的值班制度，大臣们轮流值宿，有问题及时处理。汤悦、徐铉、李平、潘佑、张泊、李从善，以及回金陵述职的各节度使、诸将领等，常于光政殿昼夜议事，李煜很少缺席。

后宫已无皇后，他暂时睡在澄心堂。早朝，晚议事，下午批奏折，见臣下，用膳也作安排，与六部尚书轮番谈国事。两件大事：一是从福建、湖南等地调买粮食；二是密切关注宋军动向。澄心堂的日程排得满满的，李煜的重瞳常见血丝。从善屡劝哥哥将息龙体，李煜只作耳旁风。他是"鳏夫煜"哩，仿佛只知勤政，不问其他。

晨光未露人已起，半夜三更犹视事。不勤政对不住当初熬夜读书史的娥皇……

从妻亡子夭的绝望中缓过神来的李煜，从钟山的山舍回到金陵城，将精力付与国事。每日操劳，睡眠却有好转，食量也有增加。他对弟弟从善开玩笑说，"鳏夫煜"已不甚确切，因为他夜里躺在床上，眼睛不复像鱼目一动不动，倒是眼皮子沉重，须臾便入梦乡。

有时梦中呼娥皇，"霍"地坐起，凝视漆黑的窗外，两眼茫茫。

将时间交给国事，尽量不去想她，不去想她……

不思量，自难忘。懿陵孤坟，无处话凄凉。

仲夏这一天，李煜实在憋不住了，辇车径往瑶光殿，住进娥皇生前居住的西室。庆奴庆福等人慌了神，以为皇上旧病复发，请来黄保仪乔美人，恳求皇上移居别处。

李煜说：你等放心，朕与皇后一别半载，回来看看她的旧物，明日即回澄心堂。

事实上，李煜在瑶光殿西室住了三天。他睡的床，用的锦衾、罗帐、珊瑚枕、鸳鸯团扇、兔状香炉、沉香浴桶……皆娥皇旧物。那烧槽琵琶和常系于臂膀的玉环已随葬懿陵，放在她的棺内。

白天，李煜一个人徘徊上苑，庆奴远远地跟着。

园中花开得正热闹，桐花、玉兰、海棠、芍药……

教坊中的练舞厅，一排排铜镜空照影。

正殿、别殿的歌舞处，静悄悄。她横过的笛，她吹过的箫，虽有宫女勤擦拭，却显得格外寂寥。

她看过的《汉书》，她用过的点青螺，她抄写过的《贞观政要》……

次日微雨，李煜驱车往东宫，独上祖父住过的小楼，盘腿坐于巨榻，闭目良久。窗外风雨声，睁眼不见娥皇。

款款娇语在耳边：亲爱的弟弟，姐为你操着心呢。你要在不自由中觅自由……

李煜埋下头，深深饮泣了。

而在瑶光殿的一个不起眼的地方，李煜发现了那只旧鱼篓，竟用绢帛包裹着，放在柜子里。她大约是想老来回味的吧。

"浪花有意千重雪，桃李无言一队春……"

一只旧鱼篓，她视为无限珍贵的定情圣物。

李煜朝鱼篓跪下了，身后的庆奴失声痛哭。

李煜回澄心堂后，一度神思恍惚，视事艰难，于是挥笔写下《谢新恩》：

> 秦楼不见吹箫女，空余上苑风光。粉英金蕊自低昂。东风恼我，才发一衿香。
>
> 琼窗梦回留残日，当年得恨何长。碧阑干外映垂杨，暂时相见，如梦懒思量。

诗中透出绵绵夏日的慵懒情状，由于怀念太多，反而懒思量。向梦中寻她身影，梦又短暂。诗人大病初愈，写诗填词带有病体特征，与"金钗溜""鱼贯列""醉拍阑干"形成反差。

娥皇一去不复返，她生前引领的歌舞队，很长时间闲着。别殿不闻笙歌奏……李煜视佳丽为无物。女英也待在家中，陪伴悲伤的母亲，怀念姐姐。

这一年的秋天，皇太后钟氏病笃，李煜再度陷入巨大的惶恐，不知老天爷究竟要干什么。他朝夕侍侧，衣不解带，药必亲尝。昼夜跪乞于佛堂，双膝生茧，几次昏倒在地。醒来总是哭。

九月中旬，太后殂。

一年之内，爱子，娇妻，慈母，相继死去。

这仁慈的男人，偏偏遭遇命运的不仁。

李煜苦苦撑着，不让自己病倒。南唐太后的丧事，赵匡胤遣使来吊，趁机观察李煜的面色、身体状况。李煜悲戚中带着刚毅之色，令宋使暗暗吃惊。宋使回汴梁复命，赵匡胤很困惑。他正在考虑下一个攻伐目标。吴越王钱俶竭力怂恿他攻南唐。赵匡胤对臣下说：李煜这个人，朕观察了很久，他是外柔内刚。三个厄运未能将他击倒。这个人比孟昶强多了。再说他有长江天堑，有龙翔水师，还有那个悍将林仁肇。听说他弟弟李从善也颇知军事，尔等要研究对策，拿出一个方案来。

而在金陵，皇太后葬礼结束，李煜再度卧病，对外不宣。大臣有要事，聚集到深宫病榻旁。

为南唐计，李煜一心养病，年底，竟恢复如去年。

严冬过后绽春花……

光政殿的龙椅上，端坐着将满三十岁的面容清瘦的皇帝。

大臣们议事到深夜，可以随便坐的。气氛很轻松。御厨备有夜宵，羹汤、小吃之类，边吃边谈，开玩笑，君臣戏谑。比如李煜和女英相好，写偷情诗，大臣批评他不尊礼教。当初李璟建百尺楼，也是受了批评的。娥皇西去大半年，女英不能继皇后位，只因光政殿众议，多数意见认为她年龄小，"不胜礼服"。于是她只好乖乖地待着，按捺下火焰情怀。而此间也是女英的迅速成熟期，少女歪着脑袋想了很多事。

李煜为人，是手头再吃紧也要"广开赐第"，对朝廷百官和地方官多有赏赐。官员住得好，吃得好，玩儿得开心，工作有积极性，能团结，内讧少。像一大把胡子的韩熙载美姬如云，还弄了一幅夜宴图显摆给人看。有论者认为姓韩的伪装，只为不做丞相。做丞相累。韩熙载巧舌如簧，李煜用他长处，屡命出使北宋，他不辱使命。

文臣武将乐意为李煜效劳，所以南唐政局平稳。历代昏君皆有奸相、奸臣配合，如晚年的唐玄宗有李林甫杨国忠，如宋徽宗有蔡京，宋高宗有秦桧……李煜手下的丞相，如汤悦，如相当于副相的中书令韩熙载，皆有政声。即使像张洎这样的谄媚之辈，也并非心怀叵测的奸臣。张洎的进身之术是擅长下围棋，李煜棋瘾发时，通常召他手谈。有一回老臣萧俨入棋室奏急事，左等右等不耐烦了，竟然"毛发上指"，上前一声喝，掀翻了皇上的宝贝棋盘，黑白棋子撒一地。李煜不动怒，反而笑呵呵的，坐下来听臣子说事。

这件事，百官中流传，老百姓夸张。

南唐无内乱，对北宋防意如城，赵匡胤把他的长江战役放在最后，此二条是关键。赵匡胤曾经遣密使贿赂南唐高官，不管用。送美女笑掉南人大牙。强攻金陵，又无胜算。

但无论如何，搞乱南唐朝政被提到议事日程上来。赵匡胤把这大难题交给丞相赵普。他本人，决定在适当的时机劳师远征先攻南汉（今广东）。

赵普受命于焦头烂额之时：晋王兼汴梁府尹赵光义频频与他恶斗，争夺朝廷势力。不过，赵普毕竟是赵普，一面斗那赵光义，一面冥思苦想：李煜的软肋究竟在何处。

赵普汇集各种情报展开分析，找到李煜的两处软肋：一是李煜仁惠单纯重情义；二是李煜自幼拜佛，笃信佛祖。

有一天，赵匡胤问赵普：先生破李煜有计否？

赵普捋须笑答：臣已心中有数。

宋主再问时，赵普不答。

赵普自有如意算盘。

第十章　小周后

男人有男人的算盘，女人有女人的心事。

庆奴已经二十三岁了，庆奴有何心事呢？

她目睹了娥皇之死，一代红颜委于尘土。雍容大度、处处竞风流的年轻皇后，说走就走了，影子都看不见了。她是一阵风一片云吗？

仲宣夭、皇后殂、太后崩，一件又一件的死亡，撞击着庆奴。庆奴哪见过死亡呀？可她分明看见亲爱的娥皇姐姐躺在灵床上……

背人处，庆奴跪泣。

皇上欲寻死，是庆奴首先察觉的。那是在十一月初三，娥皇咽气的第二天。皇上绕娥皇灵床数周，低头，仰面，念念有词，那平静的模样引起了庆奴的警觉。皇上去后院，谎称如厕，命她别跟着，她越发起了疑心，跟了过去。后院有一口井，井旁有棵碗口粗的金桂。李煜疾步奔井口而去，庆奴一声惊叫，李煜陡闻叫声，脚步略停了停。有了这时间差，长腿庆奴发足先至，扑住那井口。李煜飞步赶来，蹲于有青苔的井沿，推她时，脚不着力；又使劲掰她拽住金桂树的那只手。庆奴死拽，尖叫，庆福闻声而至，庞大身子牢牢堵住那不大的井口。

投井不成的李煜对庆奴连声道：好，好!

庆奴不知何意。

庆奴舍身救主，宫中传为佳话。太后重赏她，命她把赏赐的金帛带回扬州老家，孝敬老父老母，帮助哥哥姐姐。庆奴在老家逗留几日后又匆匆赶回金陵，因太后有令，叫她日夜伴随皇上。

此前，宫女内侍轮流值夜，"看"着皇上。但皇上厌食，日益消瘦，宫女没办法，于是皇太后亲自下诏，命庆奴速回。

庆奴回瑶光殿，一见李煜的模样就哭了。

长夜里，皇上直直地躺着，不闭眼睛。庆奴揣摩"鳏夫煜"三个字。乔美人黄保仪都说，古来君王，从未有人对后妃的死如此哀伤。庆奴深信不疑。

庆奴喂他吃药喝汤，一勺半匙的，李煜渐渐张开嘴……

她叫他郑王爷，唤回他的美好记忆。她唱扬州小调，讲述她的家乡，她的亲人。李煜的眼睛终于能转动了，虚弱地望着庆奴。庆奴猛一喜，又流泪了，赶紧扭过头去。

几天后，李煜主动进食了，看庆奴时，脸上有了笑意。

初春，太后复命庆奴独侍皇上。只在她睡着的时候，内侍才侍于龙床之旁。庆奴在李煜身边和衣而卧，犹如不久前李煜在娥皇身边和衣而卧。她睡觉时手脚乱动，李煜替她掖好被子。她醒了，打呵欠伸懒腰呢，却忽然瞥见李煜，羞得脸通红。

李煜被送往钟山养病，庆奴随侍。山舍清静，仿佛只有两个人。白日亦步亦趋，夜来端茶送水，当年的庆奴就是这样，哦，当年她是个小女孩儿呢，伺候她的郑王爷，后来就恋上了。究竟是哪年哪月哪一天恋上的，庆奴把脑门子想疼了，还是想不明白。

比如一粒地下的种子，它是哪天破土而出枝叶繁茂的呢？

有一天她灵机一动生出可爱的念头：日夕伴随皇上不也叫侍寝吗？

早在几年前，宫中就有她侍寝的传说了。秋水等人还察看过她的肚子呢。有人绕着弯子问她时，她只抿嘴笑笑，她是既不肯定又不否认的。众人瞧她的眼神儿，令她暗暗欣喜，助长她的白日梦，拉长她的情丝。有关庆奴侍寝的传说，她真是打心眼里认同。

女英和皇上像天生的一对儿，她入宫就侍寝，宫娥们传得紧哩。去年春夏，在柔仪殿那边，发生了一桩惊天动地的艳情！当时，庆奴忍不住要去想象那些似曾相识的细节，芳心狂跳，想一回跳一回。仿佛心房里有个自动装置，轻轻一拨它就跳。

秋天，仲宣就出了事。小皇子把他妈妈也带走了。

而娥皇险些把李煜带走。

那井口，那桂树，那不顾一切地扑上去！庆奴忆及那一天，对自己感到很满意。旁人的夸奖，太后的赏赐还在其次。

十一月初三，庆奴记住了这一天。

今生今世记住了……

问汝平生功业？奋力扑向井口！

这件事，庆奴对人不讲的。安妥灵魂的事情要放在心底。纵是侍寝说得，这一件也不能轻易启口。而让她略有些不安的，是不知万岁爷作何评价？泉下的娥皇娘娘作何评价？

那天皇上是真想去见娘娘啊！庆奴心里，是再清楚不过了。皇上使劲掰她拽着桂树的手，弄伤了她的指关节，疼了好多天。皇上"动粗"，这可是头一回！十余年春风和穆，却忽然来了蛮劲……可知绝望的皇上他只要寻死，从娘娘于地下。

凭借着井边的那一幕，庆奴越发掂量出了，皇上对娘娘的那颗痴心。

太后命庆奴近侍皇上，寸步不离。这是比那满箱盈柜的御赐金帛更叫庆奴遂心的，昼也侍晚也侍，坐也侍卧也侍，伴着他，扶着他……她一口一个皇上地叫，一日百遍哩，几同娥皇生前款款娇语呼檀郎！庆奴实实在在是遂了心了，如了愿了。皇上若不听话，她也噘嘴责备他，跺脚生气不理他。皇上反过来赔不是，哄她，拨她耳垂，她才回头启齿粲然一笑，美给他瞧……二人这般相处，端端是情侣模样了。皇上从绝望的心境中走出来，龙体恢复如初，抖擞精神坐镇澄心堂，应对纷繁国事，宫中议论说：庆奴有苦劳更有功劳！

庆奴听到这些议论，真是说不出的大欢喜。她为心爱的皇上做了一点事，尽了一份心，得赏赐又得好评。不过她向来是单纯的女孩子，情心再激烈，也没有弯弯绕。她对称赞她的姐妹说：是皇上自己走出阴影的。皇上眷恋人世，不会撒手西去……

其实，李煜欲投井之后，没过几天，庆奴就知道他不会再寻死了。庆奴从扬州赶回金陵，殷勤侍汤药，哄小孩儿似的喂他燕窝粥人参汤，只凭他张口吞下的模样，庆奴便知他起了生念；只凭他顾视周遭的眼神，便知他眷恋着人世。

屈指算来，庆奴跟随李煜，十二年了！

娥皇在日，庆奴分去了一半心；娥皇不在了，庆奴"临危受命"，朝朝暮暮在李煜身边，几乎出同辇居同室。言语行动，一颦一笑，很默契的。主仆心连心哪，皇帝和他的宫娥，如此情好！

女子情怀能如许，不枉人间走一遭。

太后钟氏临终前，对内务府总管下旨：特封庆奴为保仪，朝夕侍候皇上，不得有误。

太后的葬礼结束后，庆奴得空想：也许连太后都以为她侍过寝的。

保仪是个女官了，月俸高出秋水等宫娥不少。况且，摆明了她是皇上的女人，若是生下皇子，升为贵妃也是可能的。

姐妹们恭喜她，支持她往上升，她却有些淡淡的。太后遗言，是允许女英继皇后位。庆奴心下明白，女英不喜欢她！未来的皇后还是个十五六岁的小女孩呢，好恶由着性子，她可不像她死去的姐姐。女人是凭着直觉感受女人的，一般都比较准确。女英拿眼看庆奴，分明不喜欢呢。庆奴生得风流清爽，宫娥中称一流，眉眼儿还有几分肖似女英，女英也嫉妒吗？唉，热恋中的女子谁不嫉妒？"自古蛾眉善妒"，女英和皇上，恋成那样，比之娥皇，似有过之！

欢喜的庆奴，高峰体验着的庆奴，也有阴影的。

关于女英做皇后的问题，大臣们有争论。有人拿孔圣人定下的标准衡量女英，说是美则美矣，女德尚需培养，不宜仓促定为母仪天下的皇后。女英与皇上偷情的故事，连同那首"花明月暗飞轻雾"的撩人之作，从皇城传到街市，据说还传到吴越，那吴越王命教坊谱曲吟唱，打算连伎带歌舞献与宋宫……当然也有相反的意见，认为女英尚幼，不能拿昭惠后的仪态去要求她，更不可生搬硬套圣人语录，南唐风气，历来以宽容为德。两派意见争执不下，闹到太后的病榻前了。而太后定下了女英，也替李煜免了许多口舌之劳。

太后对女英印象好吗？抑或夹杂着对娥皇早逝的哀怜？太后与皇后，十年相处甚洽，宫闱无血腥，倒是一派和睦，南唐朝野传为美谈。钟氏为虔诚之佛教信徒，传儿传媳妇，皇室一家子，乐善不疲……

太后既薨，李煜守制丁忧，脱龙袍，穿孝服，点滴追思母后的慈爱。按古制，为君者丁忧，数月即可。这期间女英暂居家中，非有重大仪式，不入宫禁。

庆奴受太后遗命朝夕侍侧，陪伴着皇上。

女英何时入宫行大礼，庆奴不知道，也不去想的。

冬去春又来，园子里的花次第绽放了。

李煜看花心情好。宫中罢歌舞歇丝竹已有大半年，心中渐有情丝环绕，看花是花，听鸟是鸟。午后小憩，已觉春困矣。醒来便是庆奴，动静皆俏，举步妖娆。

一日，李煜怔怔地看庆奴，目光所到之处，唤起片片娇羞。

李煜唤她：庆奴保仪……

庆奴说：皇上可别这么叫我，庆奴当不起。

李煜略一思忖，笑道：你埋怨朕吗？

庆奴说：我像埋怨皇上的人吗？

李煜轻叹：昭惠后生前，几次提到你。你又救朕一命……朕要好好待你。

庆奴眼圈儿一红，埋了头弄裙带，低声颤语：庆奴在皇上身边，知足了。

这一年的春夏之交，在瑶光殿、澄心堂，不止一个人惊讶地看见长腿庆奴无端奔跑，蹦跳，起舞，哼歌，倒着走。

黄保仪这样的老宫妃含笑评价：庆奴都满二十三岁了，还像当年的小姑娘。

黄保仪不提当年则已，一提，人又走神了，话又拐弯了。眼中盈盈含泪，说起她的先皇。

昭惠后辞世两年，女英和李煜，方于南唐宫举行了结婚大典。百官朝贺，市民欢庆。李煜大赦天下。女英既戴凤冠，从此，人们亦称她小周后。

小周后未称如意的，是过了这么久才和李煜每日厮守。

相思苦。

相思的具体情形却又如何?

她待在家里一年多,形同关禁闭。十五岁的女孩儿,懂得了,什么叫不胜情状。

冬天姐姐去世,女英陷入深深的哀伤,逾月茶饭不思,半夜里大眼睛一眨不眨。死亡!她面对这怪物,想它不透,赶它不走。姐姐才二十九岁,才二十九岁啊。女英牢牢记下了这个数字,或者说,是数字紧紧抓住了她。姐姐纵是在病中,也是花容月貌的呀,可是突然间,她死了!舞过多少回的身子,柔如曲水烈如火焰的身子,竟与灵床、棺材这些东西摆在一块儿,一样的呆板、僵硬、冰冷、一动不动。女英扑过去,又被人拽回来。再扑,再拽,像一条皮筋儿似的。哦,她是扑不过去的,她再也不能,在姐姐柔软温润的怀里打滚了,再也不能咯咯笑,不能挠痒痒,不能听儿歌,不能撒娇、放肆,不能赶路,牵着姐姐的衣襟不放,不能赖在床上说:姐姐你难得回家一次,你就喂我吃早饭吧……

不能了不能了,一切的一切。

能,除非去天堂!

这念头,像一束光照亮了漫无边际的漆黑夜。女英忽然明白了,姐夫为何要去投井。

最亲爱的人走了,苟活者百般寻思苦无计,蓦然发现有死路一条!

女英试过,拿一条绢使劲勒脖子,顷刻气紧,眩晕,赶紧松了手。试过了,她才发现自己压根儿不想死哩。活着多有趣,天那么蓝……不过,她为自己闹着玩儿的自杀动作生烦恼:她对姐姐的感情,看来不及姐夫!

少女念头转得快,女英又想:我还小呢,我才十五岁……

简单的念头，安顿了这位南唐小周后。无限的忧伤与激烈的情思呈交替状：上午还为姐姐哭鼻子呢，下午却在盘算着，找个什么理由入宫去。

夏日里，女英由庆福做内应，几次悄悄进宫。哪怕见一面也是好的。见他一面，心下熨帖好多天。可是患病的太后居然察觉了，温和地加以阻止。太后叫庆福传话给老亲家说，女英小，好好待着吧，南唐皇后的位置，在不久的将来非她莫属。

女英时常去姐姐的灵位那儿。

妹妹倾诉，姐姐倾听。姐姐的巨幅画像在墙上呢，出自那鼎鼎大名的画师徐熙之手。姐姐分明说：妹妹，我把重光交给你了。他还是个大孩子……你要快快长大，成熟起来，为你心爱的男人分一点忧。记住，女英妹妹要分忧，不可添乱！

女英那天听罢，倏地站起身，望望身后。但见庭院里平地起了一阵旋风，绕一棵海棠转了几圈，呼啸直上老槐树高达数丈的树梢。女英吃了一惊：她向来自比海棠……她追那旋风奔出门，朝槐树梢喊：娥皇姐姐！

娥皇去已远，隐入白云间。

过了几天，女英还在想：这事好生蹊跷。

她做出了一个重大决定：快快长大。

拜空王，读书史，练书法，下围棋，试歌舞，弄新妆……她还学姐姐端庄的步态，端庄的笑容，却究竟学不大像的。杏唇翘鼻头，天生一副活泼泼火辣辣哩。

"向善不辞心力，为学只争朝夕。"女英每天都觉得自己不大像自己。变化给谁看呢？这不言而喻：变给姐姐、姐夫看。

女英变得像姐姐，姐姐就能活在妹妹的身上。然后、然后……姐妹二人，同侍檀郎！

这心力够大，这意志够坚。皇城边上的周家宅第，何物昼夜亮晶晶？却原来是女英的那双眼睛。怀念姐姐娥皇，热爱情郎李煜，两股力拧成了一股绳。

这两股心力，任何高科技仪器不能测量……

女英的刚烈，有她的"结局"所提供的佐证。

此间少女娇嫩而鲜艳，"警敏有才思"。一日三变，翌日却又变回来了，人啊，真是一个有趣的、神秘的东西。

九月，太后去世的消息传来，女英居然很镇静。她入宫哀悼，服素脸白，神情肃穆，举止合乎礼仪。连一向挑剔她、反对她做皇后的大臣徐铉也感到惊讶。

宫中已有人尊称她为小周后。

时为公元965年秋。

此后千余年，凡称小周后者，已将大周后包含在其中。

女英相思苦，李煜亦苦。苦是什么意思呢？相思起于甜蜜，相思多了，相思的能量不能释放，于是转向甜蜜的反面。

天闷热要下雨。持续的闷热天，酝酿着暴雨如注。

女英十六岁"待字宫中"，十七岁正式出嫁，住柔仪殿。

庆奴的心境很复杂。

新皇后不喜欢她，热恋中的少女更要排斥她。回想当初，她不也排斥过郑王妃？

有一天女英问她：你是保仪，什么时候封的？

庆奴回答：圣尊皇太后生前特封的。

女英笑道：特封的？好呀……

这位小周后，对自己的"专利"表示满意。蛾眉善妒，"小蛾眉"更善妒了。爱着就是妒着。娥皇临终前将庆奴托付给李煜，也是经过了长期的思想斗争。

爱情激发想象力，李煜为玲珑的小周后盖了若干玲珑的红罗亭，宫内宫外，秦淮河畔，钟山深处。红罗亭仅容二人，一几，一榻，一琴，一圈珍玩，一餐美味，一颗传说中的夜明珠。四周遍植奇花异草。李煜忙，有了初步的想法就交给女英。红罗亭的细节是由女英来完成的。夫妻二人共筑爱巢。犹如当年娥皇李煜共续霓裳残谱。

大小周后，各有自己的爱情象征物：流动的乐曲，物化的爱巢。

专家批评红罗亭，据此指责李煜奢华铺张，不过，这里的疑问是：盖一座几尺见方的红罗亭究竟要花多少钱？

秦皇汉武建陵寝花了多少钱？有资料说，汉武帝修他的活人墓几乎用掉国家财政的一半。

红罗亭的风格，大约契合了小周后的少女梦想。鲜花丛中的爱情，不受外界打扰，二人世界永远封闭而甜蜜……古今女孩儿，憧憬是一致的。所谓爱情，是在情侣们的无限向往中显现为爱情的。有向往就会有爱情。爱情落实在古今男女的向往中，纯真年代，爱情会多一些；浮躁如当下，爱情会少一些。当下总会成为过去。

在李煜的周围，有多少女人由衷地喜爱他，崇拜他，虽然没法统计，但一定数字庞大。善良的皇帝，纯美的男人，心疼老婆的丈夫，尊重女性的绅士……在金陵，在南唐的其他几个大城市，痴迷他的女人多如阳春之花。他和大小周后的爱情传奇，连同那些乐曲和绝妙好词，像风一样传播，激动着女人们的心。南唐女子以昂扬为时尚，穿露胸装，跳宫廷劲舞，哼胡夷小曲，吃火辣辣的湖南菜，踊跃参加各种各样的节庆，扭腰出家门，招摇过闹市。

李煜和女英举行再婚大典时，金陵全城，几十万人大欢庆。婚礼动用鼓乐，曾遭大臣非议。唐朝严禁结婚用鼓乐，民间也不行。这禁令的根据在孔子，圣人讲过："娶妇之家，三日不举乐，思嗣亲也。"李煜破了这道禁令，移风易俗，并不把礼教当回事。结婚不奏乐，场面搞得冷冷清清，新郎新娘还得板着面孔，很严肃地思念双亲。人生大喜事，何必拘谨如此！李煜从人的自由天性出发，轻而易举地破了绵延千年的陋习。他还破旧立新，在《诗经》中找到新的根据："窈窕淑女，钟鼓乐之。"他带了这个头，全国都来仿效。

金陵女人有个口头禅：孔夫子没啥了不起，皇上讲的才是金科玉律！

婚俗在各类习俗中居核心位置，婚俗一动，波及面大。南唐社会生活的丰富性可见一斑，雅自雅，俗自俗，雅俗亦能合流。婚礼不奏乐，到北宋又复辟，直到北宋末年哲宗朝，才由崇拜苏东坡的宣仁太后开了金口，婚礼才重新热热闹闹，擂鼓吹笙撞大钟……

宋朝理学盛，南唐没有这个。

李煜和礼教，不大合拍的。他尊重宫娥，不搞"点名侍寝"，盖出于对大小周后的深爱。

冲破礼教束缚，得益最多、赢面最大的是女人。娥皇女英，不过是女性群落中的代表人物，而那些冲起来的市井女人可是不管不顾的，年年元宵观灯，堪称她们的狂欢节。此风延入北宋，愈演愈烈，官府屡禁不止。

而南唐宫苑，皇后以降，则佳丽纷呈焉。

公元十世纪六十年代，女英初嫁了，杏唇玉齿蛾眉蜂腰，情切切娇滴滴遍体妖娆，红罗亭小，芳心剔透，入夜她满眼的大星星，日上三竿朝慵起，莺飞蝶舞，不见檀郎。

南唐君王亦早朝。

李煜娶小周后，据说疯恋的程度超过对娥皇。全心全意爱过了姐姐，中间有个伤心停顿，死亡历练，再掉过头来爱妹妹，充分领略少女的娇憨。李煜的"情爱潜能"，在性格、年龄殊异的姐妹二人身上得以圆满释放。小周后警敏，泼辣，善妒，情爱直觉好得出奇……

李煜如此恋女英，并没有废早朝的记载。

从这一年起，到光政殿值宿的大臣，扩大到六部侍郎、回京述职的太守。

李煜居澄心堂时，女英去陪他，熬夜等他归来，有时灯下打盹儿到四更天。

小周后很少过问国事，她还像个女孩子家呢。学娥皇姐姐诵书史，却不能"通"。

小周后领导南唐后宫，不及娥皇。李煜对她的要求也不高，只吩咐老宫人替她多担待。黄保仪乔美人，庆福庆奴秋水宵娘等，常常一群人簇拥着她。她对李煜说：簇拥的感觉真好！她真想沿着秦淮河蹭它一大圈，车盖摇摇，万人争睹。她也主持后宫，正经一时半刻，自己就忍不住笑起来。板面孔做领导，小周后不行的。

小周后的音乐舞蹈才华，同样不及娥皇。当然她很努力，比不过姐姐的盖世琵琶，她就横笛弄箫抚古琴。她也跳《霓裳羽衣曲》，跳《恨来迟破》《邀醉舞破》，与宵娘秋水比轻盈。她的身材和娥皇相似，高挑，两臂纤细，臀腿圆润，小腿有力，脚踝灵动。天生的舞蹈材料，直觉又好，领悟力强，腿一抬腰一旋，美目直视，熠熠生光，翘鼻头越发俏。观者为她喝彩，可不是搪塞她。她很得意呢，有一天问宵娘，比当年的昭惠后如何？宵娘却说：小周后这么上心，迟早会赶上大周后的。

女英好失望！可她过一会儿就忘了。

簇拥有趣，开会有趣，教坊功课有点累……小周后忽然爱上了独自溜达，趁了夕阳西下，到那池塘边假山前，倚了太湖石，对圆圆的落日露出微笑。哦，那初恋，那头一回芳心噗噗跳，转眼已过数年矣。她独上百尺楼，凭栏托腮想他。他要去澄心堂，要巡视，要接见，要议事到半夜三更……这事儿毫无办法。皇上就是这样的人哪，他若不去澄心堂，谁去澄心堂？他还每日临池写书法，看很多很多的典籍，小楷御批密密麻麻，经他亲手批过的书，竟有千卷之多哩。姐姐生前抄的《贞观政要》，姐夫总是随身携带，车上，船上，马背上，书页空白处留下他的手迹，那酷似杜甫的硬瘦书风，与姐姐妩媚的褚遂良体相映成双。姐夫撰文评过晋唐书法，对名家各有批评，最推崇王右军……

女英想：姐夫一年年一天天是这么走过来的。睁开眼就要操心，睡着了还要念叨。他是活得异常勤勉的一个人哪，政事，文事，佛事，情事，他哪样不关心？他甚至知道许多宫人的家境，内务府的那些人别想蒙他。

女英叹息：唉，我可爱可怜的姐夫！

女英想李煜，脑子里常蹦出姐夫二字。这也难怪，她从五岁起，就把姐夫搁到嘴边上了。

人前他是皇上，人后他便是姐夫。从嘉，重光，李煜，檀郎，鳏夫煜，莲峰居士，反正他名号多，小周后由着性子轮番叫。李煜笑着纠正她：我娶了你，不再是鳏夫煜了。

女英说：你还是！姐姐听了高兴！

娥皇以不在场的方式在场。

这一天，女英溜达时碰上庆奴。庆奴也在石板路上独自闲逛，绣花鞋起落，步态懒懒的，目光明明朝女英这边看过来了，却装作没见的样子，匆匆穿过树丛，消失了。

女英皱眉头，喊了一声庆奴保仪，不见回音。测算那距离，应该是听得见的。

女英很生气，冒出一句权力话语：大胆庆奴！

夜里对李煜说起这事儿，她犹自气呼呼的。她重复权力话语，又像自说自话：大胆庆奴！摆保仪的谱吗？欺本朝皇后年纪轻心肠好吗？看我收拾你一回，压压你的傲气！

李煜只凭她说够了，才抹抹她的胸口，捏捏她的鼻子，躺下来，细说庆奴。女英不爱听呢，背过身子，捂了耳朵。可是渐渐地，她能听进去了。庆奴与姐姐，庆奴与皇上……姐姐去世的第二天，十一月三日，后院井边的那一幕。女英以前也曾听说过，却哪里知道那些细节！庆奴舍身救主，圣尊太后为之动容，她那朝着井口的纵身一扑，稍有差池，她自己就落井了，可知她对皇上怀着怎样的一颗心！

女英惊得额头冒汗：若非庆奴那一扑，檀郎已做井下鬼矣。

这从头说起来，唉，她得感谢庆奴。

夜深人静，风摇红烛。女英良久作声不得。

李煜问：还收拾庆奴吗？要不，象征性地处理一下？

女英答：不处理了……

第二天她带了庆福去瑶光殿察看那口井，庆福所讲的，与皇上又有差异。庆福是听到庆奴的尖叫声后才奔向井边的，他亲眼看见庆奴不顾皇上使蛮劲推、掀，死死地趴在井口。

女英落泪了。她命庆福给庆奴悄悄送去荷包和金簪，以示友好，却不声张。

为何不以皇后的身份明加赏赐呢？

大约她妒心尚在。女人看女人明察秋毫。

宫中桃花红李花白的，宫娥们争艳争给谁看？自然是争给皇上看。宫娥数量虽有限，却是个个怀揣绝技呢，流珠的歌喉，皇上听不够。秋水身段绝佳，且身有异香，能叫蝴蝶围着她飞。窅娘更是天生舞娘，自创"金莲舞"，在高高的金莲上，足尖点花瓣，单腿旋转……何况她们，一见皇上眼就亮，酒窝就现出来，步态舞姿笑语通通变了样了，更好看了。

有人向皇上献了一块玉磬，那敲玉磬的沉香木槌上刻着几个正宗"褚体"字：润州（今镇江）李进晖敬献。玉磬本是寻常物，李煜却把李姓女子献的这块玉磬置于案头，他累了，烦心了，就闭目敲一会儿，聊以清心。女英问这李进晖是谁，李煜说，他也没见过，只知李进晖的父亲原是祖父的旧臣。

次年春末，宫中的净德庵新来了一位住持，竟然就是李进晖，虽是佛门穿戴，仍觉清丽照人，那双沉静的眼睛，叫人一见难忘。这漂亮女子为何入了空门？女英想知道内情，庆福庆奴就专程去润州打听了，原来李进晖也曾许配人家，婚后不如意，竟做出决断，削发为尼。李进晖擅长绘画和书法，尤喜皇上的怪石图、"撮襟书"，皇上每有新词传到润州，她必"图而书之"，闭门锁院吟之再三。她很费了些周折，不惜用祖传宝物进献宫廷、花银子打通关节，方到净德尼院做了住持。

女英听庆福汇报，不禁想：又来了一位崇拜者！

崇拜者却不是竞争者，再漂亮的尼姑她也是尼姑。

小周后拜观音，戴僧帽穿袈裟入净德尼院，李进晖行佛门礼，四目灿然对视，挪不开似的。单凭这一眼，女英便知：这位尼院新住持，实实在在是李煜的崇拜者呢。

李煜在宫中行佛事，一般是在大慈寺。大慈寺与净德庵相隔甚远。辇车停在尼院的大门前，一年不过两三次罢了。女英不必为李进晖犯愁。

不过，女英诧异的是，李进晖的素面沉静之美，真是别有一种说不出的韵味。安安静静的举止，莫非藏下了一颗蓬蓬勃勃的心？

情势够复杂哩，什么花都在开。小周后再俏再艳，也不过是一朵花，她开不成两朵三朵的。

女英还发现，庆奴隔几日就要去一回净德庵，与李进晖相谈甚洽。数月光景下来，庆奴脸上也有了一份沉静之美。庆奴保仪，是可以侍寝的呀，她又为何要去尼院走动，言语行动沾了佛门气？女英想不明白。李煜出巡，庆奴随侍，小周后是默认的，等于给庆奴侍寝的机会；也看过庆奴的肚子，留意过庆奴的饮食，均无异样。女英想不透其中缘故，又不便去问姐夫。

女英流过产的，只因她太活泼，忘了御医告诫。

史料称李煜除仲寓仲宣外，尚有第三子，不知为娥皇还是为女英所出。第三个儿子下落不明，或如仲宣早夭，也未可知。

那著名的美重瞳拂过之处，花次第绽开，其中留下姓名的，是庆奴、秋水、宵娘、流珠、宜爱、李进晖等。

刀光血光，终不如青春活泼的动人脸庞。

然而千里之外的屠刀，其来也速。

第十一章　四十年来家国

公元十世纪七十年代初，赵匡胤的大军远征南汉，几个战役打下来，南汉灭。南汉王刘𬬮被俘，押解到汴梁，对赵匡胤俯首帖耳，只求保命。这刘𬬮统治南汉以残暴著称，一旦为虏，却能迅速学会巴结术，摇尾乞怜，讨北宋君臣欢心。暴戾的君主，变狗也容易。

北宋十万大军屯于汉阳一带（今属武汉），虎视南唐。

南唐水师十五万，步兵十万，沿长江布防，宋军隔江虎视而已，不敢贸然发动进攻。

李煜输金如故，又自去南唐国号，称江南国主。

李煜牢记着祖父的遗训，南唐军队保家卫国。

江南富庶，足以养兵。长江天堑，足以御敌。

李煜所能做的，也只有这些了。

然而天有不测风云，人有机关算尽。

李煜不搞阴谋诡计，则很难识破别人的阴谋诡计。

国家到了生死攸关的紧要关头，他才意识到，单纯而天真的性格难以应对复杂的局面。

他心里常有莫名的恐惧。赵匡胤这人，无所不用其极，背柴荣，欺幼主，陈桥兵变，又"杯酒释兵权"，皇权稳如山，吞并荆南、后蜀、南汉，剑指金陵。

李煜的恐惧，恰好是他的软肋之一。

乞求佛祖保佑，广纳四海高僧。于是有个"小长老"出现在李煜的身边，此人相貌不凡，天赋异禀，对佛学、禅宗了如指掌，年纪虽不大，却于江南江北享有盛名。他初到金陵化缘，大小佛寺为之轰动，大和尚小沙弥奔走相告。

小长老以高僧的名望入住宫禁内的大慈寺，不久，升为住持。

李煜与小长老谈佛说禅，深为对方所折服。渐渐在心理上依赖他……

内心深处的恐惧要向外转化。北宋屯兵汉阳，南唐举国拜佛。李煜携小周后，僧帽袈裟跪拜佛祖，以致两人的膝盖跪出了老茧。

弱者祈求上苍，历来是这样的。

生活，艺术，半个多世纪的累积，难敌能于短期内调动起来的动物本能。在李煜看来，赵匡胤攻南唐实在是师出无名。换言之，他是相信历史上有过"仁义之师"的，讨伐暴君，是为仁义。而李煜仁惠之名远播，又称臣进贡，赵匡胤有什么理由大动干戈？

战争，是要摧毁成千上万的美好家园的。

善良的人，悲悯的人，热爱日常生活的人，会看重家园，并推己及人，看重别人的美好家园。

赵匡胤却是笃信刀枪，哪管什么师出有名。随便找个借口，就要大动干戈，对荆南对后蜀都是如此。他的理论简单而有效："卧榻之旁岂容他人酣睡？"

唐朝安禄山乱，胡儿铁骑所向披靡，与中原汉民族百年不识刀兵有关。

冷兵器时代，生活意蕴和战争意志是两种截然不同的东西，两者都需要积聚、提升。南唐积聚前者，北宋提升后者。几十年间，北宋的军队一直在打仗。

而南唐军队长期不打仗，"杀性"处于休眠状态。没有战争经验，没有一批善战的将军。

北宋南唐以武相拼，未战，而胜败定焉。

以李煜的个人禀赋，做个和平年代的君王是不错的。他的军队尚能御敌，则表明了他的努力。

赵匡胤一面以大军压境，另一面派间谍打入南唐核心层，并施展花招，诱李从善到汴梁，将其拘禁。

从善懂军事，且与李煜手足情深。诱禁从善，是个一石数鸟的连环计。赵匡胤让从善在汴梁日子滋润，建豪华府第给他住，府第叫作"甲第汴阳坊"。文臣武将连请带拽邀他吃酒，送他美女，与他往还。

有一天，李从善"偶然"发现南唐名将林仁肇的画像挂在某武将的家里，一惊之下多方打听，得出一个判断：林仁肇已暗投北宋！

从善想方设法把这情报传回金陵。

李煜也疑惑，问询臣下，迟迟未决，却终于决定暂且罢免林仁肇，看看再说。不料林受冤，郁郁而死。

李煜连呼上当，恨自己太天真。

赵匡胤、赵普及一群文武官员额手相庆。

宋人的情报战，心理战，双双告捷。

李煜怀念两年未归的弟弟，写下名篇《清平乐》：

别来春半，触目愁肠断。砌下落梅如雪乱，拂了一身还满。

　　雁来音信无凭，路遥归梦难成。离恨恰如春草，更行更远还生！

好个"拂了一身还满"！

陆游记载说："后主手疏求从善归国，太祖不许。而后主愈悲思，每凭高北望，泣下沾襟，左右不敢仰视。由是岁时游宴，多罢不讲。"

国家危难之时，需要铁石心肠的领袖人物，李煜恰好不是。

爱子夭，娇妻亡，慈母去世，弟弟一去不返，南唐凶多吉少，所有这一切，压在李煜心上。

事实上他承受住了压力。宣布不再进贡，废北宋年号，并作好军事斗争的准备。

宫中不复闻笙歌，澄心堂灯火通明。

大臣们争论不休……

李煜停止游宴，却转向佛事。金陵城内的和尚成群结队，在那位小长老的带领下，利用一切机会围绕着李煜，竭力让他相信：一旦到了紧要关头，佛祖或菩萨自会在空中现身，施伏魔大法，退北宋大军。

菩萨心肠的男人，出于不得已，往往会相信佛法无边。

赵匡胤屡命李煜赴汴京朝拜，李煜不理睬。他慷慨激昂地对臣子说："他日王师见讨，孤当亲督士卒，背城一战，以存社稷。如其不获，乃聚宝自焚，终不做他国之鬼！"

小周后卸红妆爱上武装，晨晖里月光下，纤手持双剑，娇叱之声回荡在柔仪殿。李煜看了只是苦笑。

庆奴削尽青丝，竟去净德庵做了女尼。单纯的庆奴有个单纯的心愿：每日虔诚拜佛祖，乞求佛佑南唐！李煜闻讯时，庆奴已穿上缁衣，手拿念珠，敲着木鱼，眼望佛祖丈八金身。

一头青丝可惜了。如花似玉的面容，晶莹剔透的春心，可惜了。庆奴为李煜，是宁愿去死的⋯⋯

李进晖默默迎着庆奴，心与心相印。

南唐北宋紧张对峙的几年间，李煜接连犯错误：信任小长老，处置林仁肇，将潘佑、李平下狱，导致二人皆死。

潘佑是李煜做太子时的老部下，"犯颜极谏"。李煜恼怒，下令拘禁。不料崇尚老庄的潘佑竟在家中自杀身亡。

李煜追悔莫及⋯⋯

汉阳的军事高压，导致金陵朝政扭曲变形。

北宋名将曹彬亲提大军，隔江虎视南唐，屠刀欲下未下。

吴越军伺机进攻南唐的另一侧（常州一带）。两支军队对南唐形成半月形包围圈，夹击之势已成。

不过赵匡胤还是迟迟不下进攻的命令。他对南唐守军还是有忌惮，担心长江吞没他花血本搞出来的水师。

这时候，一个小人物出场了，小人物名叫樊若水，其父樊潜，在李璟朝做过两地县令，长期食君禄。樊若水科举考试失意，转思卖国求荣。他思得细，苦心经营，跑到采石矶（今马鞍山）一待数月，详细画下地形图；星夜携图过江，快马走汴梁，跪献浮桥战术，赵匡胤一听就懂了，阅采石矶地形图，大喜过望。传令曹彬，紧急实施浮桥战。造巨型战舰几千艘，对付南唐强大的水师。

采石矶为长江最窄处，牛渚山插入江心，江流湍急，易守难攻。林仁肇曾于此地打得柴荣只想退兵。江边却有一座寺庙，樊若水借口建佛塔，解决了两岸系缆绳的技术难题。

南唐士卒看不懂佛塔，还去烧香许愿，上塔顶看风光。士卒二十年未历一战，失掉了战斗的想象力。

宋军准备就绪了，胜券在握的赵匡胤下令攻击。

时在公元 975 年初。

值得注意的细节是：赵匡胤给曹彬下死命令，严禁宋军滥杀无辜，还把他的宝剑交给曹彬，授权曰："副将以下，违令者斩。"

赵匡胤的这道诏令，可作两个方向的解读：一是他懂得了，仁义二字在图谋天下的过程中的关键作用。仁义是个工具，与价值理性无关。而五代诸帝，杀性调动过了头，只知刀枪逻辑，不识仁义大用，他们反而走不远。所谓仁义，是在非仁义的空间中显现出它的价值来的。赵匡胤爱读书有文化，更兼赵普点拨，一点便通，所以他有远见。二是，宋军一贯滥杀无辜，严重妨碍了北宋君相的战略意图。图谋天下者，既要调动士卒的杀性又要控制这种杀性，然而将在外君命有所不受，将士悄悄干，烧杀抢淫，抵达其"兽性之畅"，远在京师的皇帝要么不知，要么佯装不知。

赵匡胤大势已定，打南唐，大张旗鼓地亮出他的仁义招牌。

此人的历史直觉、战争的分寸感，确实与众不同。

曹彬谨受命，尽量约束他的部将。然而一旦开战，兽性狂泄，滥杀无辜的惨剧时有发生。曹彬本人，也亲手杀过无辜的百姓，并纵容部下血洗江州。

封建王朝的军队，哪有什么正义之师，除非它抵抗外侮。

攻城略地抢版图，盖出于封建皇帝的扩张野心，不可盲目加以美化。

刀枪逻辑，动物本能，丛林法则，应当受到最严格的审视和追问。

宋军只用了三天时间搭浮桥过长江，马行桥上如履平地。樊若水的设计，细致而准确。他已在汴梁封官得高位：太子右善赞大夫。他把母亲和老婆孩子都扔在南唐。当初他携图往宋，只身求荣，母怒斥，妻狂呼，儿女泣啼，他掉头便走，还恶狠狠踹了老婆一脚，方脱身过江而去。

干这种缺德事，樊若水是内行。他跑了，亲人皆入狱等死。

南唐朝野共愤，强烈呼吁杀掉樊若水的亲属，但李煜不同意。宋军主力犹如天降，南唐举国惊骇，万众一词要杀樊若水妻儿老母。李煜却坚持认为，樊若水叛国，与他亲属无关。谁上书也没用，李煜拒绝杀掉离战争很遥远的女人，并且，置臣下的愤怒于不顾，派人把樊若水的亲属送过江去。

宋军屡攻得手，吃掉南唐的外围城市，大军直驱金陵城下。李煜"筑城聚粮固守"，以待湖口朱令赟的十五万水师。

宋军的攻城战打得艰难。士卒不服南方水土，入春瘟疫流行，死的死，病的病。南唐军趁机出城偷袭，屡败宋师。

战事呈胶着状态。

宋军主动后撤，拔营数十里。

五月下旬，南唐军还杀出城来，两军恶战。

这一天，李煜念罢佛经，登城头观战，吓一大跳：他被人仰马翻、肢体横飞的战场惊得目瞪口呆。太阳照着鲜血的河流、尸体的小山，东风送来鬼哭狼嚎……战争这头狰狞巨兽，凭他想象力如何丰富，也是万万想不出来的。

仁者直接面对大面积的杀戮、一倒一大片的死伤惨相，真不知他心里作何感受。

杀戮，在这位温柔男人的眼中是如何呈现的？他那突如其来的惶恐和沮丧，如何去掂量？

他动了缴械投降的念头。

这仗不打也罢。多打一天，死人上千。宋军营寨密如栉，赵匡胤那匹巨狼，不吞下南唐如何罢休？

可是南唐已经死了这么多人，李煜对那些奋勇当先的将军、慷慨激昂的臣子又作何交待？

战也不是，降也不是……

文武官员一片战声。百姓也来请战。张洎等人大呼："坚壁不战，以老宋师！"

那么，还是抵抗吧。李煜收起投降的念头。

围城中的李煜，写下悲凉的《临江仙》：

> 樱桃落尽春归去，蝶翻金粉双飞。子规啼月小楼西。玉钩罗幕，惆怅暮烟垂。
>
> 别巷寂寞人散后，望残烟草低迷。炉香闲袅凤凰儿，空持罗带，回首恨依依。

子规啼是古代常用的死亡意象。蜀帝杜宇被人害死，魂魄化为杜鹃鸟，声声啼血。

战争机器一经启动就不可逆转。金陵并不是南唐仅存的一座城，其他城市还在抵抗。如江州，一直打到次年春夏，曹彬久攻不下杀红了眼，城破之日屠杀庶民。

李煜写下《乞缓师表》，派徐铉携往汴京，当面指责赵匡胤"师出无名"。赵匡胤也感到理屈词穷，却灵机一动，抛出他的"卧榻之旁岂容他人酣睡"的霸权理论。这人骨子里有一股无赖劲，堪比汉刘邦。

谈判破裂，接着打。秋天几度恶战。宋军拿不下金陵城。

屯于湖口的十五万南唐水师是李煜的救命稻草、曹彬的一大心病。曹彬多年征战，脑子灵活。他在江中布疑阵，大小洲渚，竖起一片假桅杆。朱令赟观望多日，方令水师顺流而下，浩浩荡荡的舰队直扑采石矶浮桥。宋军千艘战船迎敌。朱令赟用火攻，屡屡得手，眼看破敌在即，不料风向陡转，大火烧了自家"火油船"，一艘点燃几艘……几十里江面烧成了一片火海。朱令赟投火自尽。

时在十月，江风转向是可能的。但一天一时之内，疾风突然转向，却也罕见。

南唐水师全军覆没。

金陵满城诵经声。

佛祖未显灵。神秘的小长老不知去向。众人抓他出来，他招供，是汴京派到金陵的奸细。

李煜一声长叹，下令处死小长老。

他最后一次乘辇巡视石头城，所到之处，百姓"聚迎龙舆"，望辇而拜。

大小寺庙的和尚们，因小长老的蒙蔽而受不白之冤，遭到市民围攻，于是纷纷脱袈裟，要求披甲上阵。

李煜说：免了吧。

他知道大势已去，"僧兵"打出城只能送死……

对他来说，"死国"的日期已到，他落入一种从未有过的沉静与轻松。庆福紧张注视他。

李煜回转澄心堂，命黄保仪积万斤薪，无数的典籍书画，准备随时点火自焚。怎奈庆福跟他甚紧，徐铉、张洎、从善、从益及若干武将寸步不离。

李煜亡妻之时寻过死的，大臣宫娥内侍团团围住他。

他要实现聚宝自焚的誓言，"左右泣啼固谏，乃止"。

他答应了左右的哭求，庆福却对徐铉大叫：皇上自有主意寻死，我等昼夜环侍！

二十六岁的小周后在李煜身边，不发一语，生死由他定。他不时扭头瞧她……

十一月的金陵城一片混乱。中旬，李煜携女英出城，拜了父母及娥皇的陵墓。女英感到欣慰。李煜此举，或已表明他不想死了。他已做好被掳去汴梁的心理准备。

寒冷的冬夜，李煜面壁而坐，良久不起。

次日驱车到瑶光殿，徘徊于西室。他抱着一罐寒泉，浇灌那棵娥皇与他同栽的梅树。女英默默帮他，并不问梅树有何故事。

李煜又去了百尺楼，只于楼下站了一会儿。

冬日有暖阳……

夜宿瑶光殿西室。十年不居此屋了，李煜睁眼到天明。鳏夫煜。

又居柔仪殿、澄心堂，他睡得挺香。饮食如常，饮酒如故。看身边的人与物，目光有变化：寸寸抚摸似的，不肯挪开。

他爱过多少事物，他经历过多少死亡。

亡国在即。

"四十年来家国，三千里地山河……"

公元975年冬，南唐国都金陵城内，"死国"成了悲怆的流行语，江南温柔之乡，亦不乏钢铁儿女。将军，文官，都有死国的勇士，有些人不想看见野兽般的敌军蜂拥而来烧杀抢掠，先行自杀，死也从容。

女性殉难者更多。

风流倜傥的南唐君王，是金陵无数女子的梦中情人，朝廷命妇，普通民女，望宫阙而垂泪者何止万千。无论是花容月貌的，还是相貌平平的，都在含泪问苍天：

为什么人间要有杀戮？

日子过得好好的。南唐立国仅四十年……

空中"矢石交下"，乌鸦乱飞。人行街市，忽中矢石，倒地身亡者，不计其数。老人立仆，小孩儿在血泊中挣扎。

大街小巷尽哭声。

皇宫内的净德庵却异常的安静。

八十多个尼姑，围绕着住持李进晖。

眼下是十一月二十五日，最冷的冬夜。李进晖率尼众念佛经，等澄心堂方向燃起火光，然后集体自焚。

不想死的任便。

尼姑们都留下了，静悄悄聚拢，望着她们的住持。一片青衣，八十几双黑眼睛。其中，有庆奴的那双扑闪着纯洁与刚毅的眼睛。

凤凰涅槃，死而后生……

宫中的黄保仪，负责焚毁南唐三代君主收集的图书、金石、珍玩、乐器、乐谱、墨宝。墨宝中书法珍品尤多，钟繇、王羲之、颜真卿、李邕、杜甫、柳公权、欧阳询……李煜下令全烧掉。文化的结晶无力自保，不如还给上苍。赵匡胤赵光义，既然他们只懂得刀枪的力量，那就让他们永不停顿地厮杀下去吧。嗜血之辈，拿墨宝何用？

黄保仪和这些珍宝相处二十多年了。她是先帝李璟的妃子，因爱文史，通书画，李煜叫她掌管经典。

她抚摸它们，泪如雨下。

李煜学父亲，读书喜欢在书页上写几句批语。南唐二主，亲手御批的典籍多达二千卷。

黄氏命宫女同时从几个方向点火。火苗卷着墨浪腾空而起。几乎同时，百丈外的净德庵，几万斤柴火也点燃了。李进晖、庆奴居中合十，念佛祖又念国主，度过了她们一生中最美的瞬间。

郑王府、太子宫、瑶光殿、净德庵……庆奴不到十二岁就入后宫了。庆奴有多少心事啊。呢喃，蹦跳，撒娇，争艳，走着走着就跳起舞来了，就唱起歌来了。她的郑王，她的太子爷，她死心塌地崇拜着的苦命的皇上啊！

庆奴为李煜死，真是很高兴呢。

几个时辰后，宋军杀进金陵城。

南唐女人纵身跳进熊熊烈火，这身姿，这壮举，用生命用死亡，书写她们的心声，她们的爱与恨，她们的价值观。

她们确实不懂得横扫六合荡平天下的道理，她们只知珍视生命、生活。她们赴汤蹈火，八十多个人以无与伦比的死亡之舞，向后人，写下了她们的生命宣言书。

真理都是朴素的。爱生命、生活者，断断不会绞尽脑汁变尽花招去杀戮无辜。

李煜焚烧宝物的举动耐人寻味。这些东西一烧，他心死一半，聊存躯壳而已。留下半条命去写诗。

揣摩李煜的性格，这焚宝之举是个重点。亡妻，他寻死。亡国，他让伴他一生的宝物作了他的死亡替身。

煜字从火，谐音玉，兼含火焰和照亮的意思。他又字重光，重新发光。这些皆为巧合吗？李煜焚宝意味着：他认定野蛮者不配享用文化的结晶。

十一月二十六日，金陵城陷。宋军杀入几道城门，几路人马狂啸着，顾不得曹彬禁令，砍俘虏，杀百姓，抢东西，淫妇女。兽性大发互相传染，曹彬也挥剑砍人了，却并非砍他不听命令的部下，而是杀那些南唐乐人。

宋军将士围攻金陵一年，方破城而入，狂呼胜利要庆功，强迫南唐的乐工舞女为他们表演节目。乐人被逼着表演，弹着唱着舞着，却实在忍不住了，数十人齐声大哭，男顿足女捶胸，哭他们的美好家园被摧毁、亲朋好友成新鬼……曹彬先一愣，随即怒不可遏，挥剑朝人群乱砍。他的部属纷纷拔剑，一阵狂砍。

乐人葬地，后人称作乐宫山。

曹彬是被《宋史》美化成"兵不血刃"的平唐大将军的，其残暴如此，其他将卒可想而知。

李煜"肉袒而降"。正月里押送汴京，随行近千人，一律白衣白帽，百余艘雕凤琢龙的南唐官船，跟随着上千只剑戟林立的北宋战舰。李煜伫立船头，回望宫阙绵延的石头城，不改艺术家本性，又写诗了。

　　　　江南江北旧家乡，三十年来梦一场。
　　　　吴苑宫闱今冷落，广陵台殿已荒凉。
　　　　云笼远岫愁千片，雨打归舟泪万行。
　　　　兄弟四人三百口，不堪闲坐细思量。

虽然愁千片、泪万行，但此诗倒给人留下气定神闲的印象。

船行淮水，他还不忘登岸礼佛。

过南唐旧城，百姓聚于江边为他送行，场面一如金陵渡口。有今之学人这样描述："船停江中，大江两岸，士民百姓，扶老携幼，成群结队，赶来江边焚香叩拜，哭送好生惜民的国主远离家国。"

到汴京，李煜"日夕以泪洗面"。也洗尽脂粉气，写下不朽的诗章。

四十年来家国，三千里地山河。凤阁龙楼连霄汉，玉树琼枝作烟萝，几曾识干戈？

一旦归为臣虏，沈腰潘鬓消磨。最是仓皇辞庙日，教坊犹奏别离歌，垂泪对宫娥。

第十二章　龙袍禽兽

赵匡胤封李煜"违命侯"。

他对李煜还算好，赐第曰礼贤院，日常供给丰厚。他要善待降王，做给天下人看。这位宋朝的开国皇帝也写诗，有两句描绘月亮的得意句子："未离海底千山暗，才到中天万国明。"他召李煜切磋诗艺，小心翼翼地询问对方，李煜说：陛下气势非凡。赵匡胤高兴得连拍脑袋，随口吟出李煜的佳句。原来他戎马之余，总爱打听南唐国主有何新作。他是真爱好，不像他的弟弟装文雅。他立国之后有个重大的战略举措：抑制武人，重用文士。中晚唐藩镇割据，五代十国频繁交兵，一切祸乱的根源皆是武将拥兵自重。

赵匡胤视察李煜的住所，见了小周后和一个叫窅娘的舞女。窅娘双目深陷如异邦女子，面容清丽举止安静，又透出浓浓的江南气息。她不用起舞，单是走路的身姿就让赵匡胤睁大眼睛了。她高挑而纤细，曲线分明，一双怪可爱的玲珑小脚。她居然用足尖跳舞，轻盈如传说中的仙女。李煜随口介绍说，窅娘善作金莲舞：在金子铸成的莲花瓣上跳舞，那青铜莲花台有六米高……赵匡胤点头，并未往下问。对著名的小周后他也是彬彬有礼，虽然对方美貌、不经意透出的风韵，着实让他吃了一惊。他那后宫哪有这等女人。嫔妃们服饰别扭，胭脂都抹不匀……女英下跪称他陛下，俏脸却隐隐带着矜持，长睫毛的黑眼睛闪过一丝不屑。

赵匡胤一代雄主，却没有打小周后的主意。

南汉王刘𬬮、吴越王钱镠、北汉王刘继元，先后做了亡国之君，变尽法子讨好宋主，乞求苟延残喘。那么多降王，除李煜外，没人动过焚身殉国的念头。

后蜀的孟昶降宋十日即被鸩杀，他尸骨未寒，备受宠爱的花蕊夫人就投入了赵匡胤的怀抱。而李煜的"故伎"并未跑到宋宫里去献媚，更别说女英了。当日金陵城破，南唐乐工舞女面对屠刀放声痛哭，他们的内心有不可抑制的亡国之痛。这疼痛，汇聚到李煜身上。

李煜疼痛着南唐故国所有人的疼痛。

> 帘外雨潺潺，春意阑珊。罗衾不耐五更寒，梦里不知身是客，一晌贪欢。

词中带出李煜亡国后的身影。

> 无言独上西楼，月如钩。寂寞梧桐深院，锁清秋。
> 剪不断，理还乱，是离愁，别是一般滋味在心头。

到处都是愁，愁乱：春天的乱梅，秋天的乱麻，拂不去也剪不断。诗人走到哪儿，愁绪跟他到哪儿。它比影子更具体，它和他同体而又相异……

闲梦远，南国正芳春。船上管弦江面渌，满城飞絮辊轻尘。忙杀看花人。

闲梦远，南国正清秋。千里江山寒色远，芦花深处泊孤舟。笛在明月楼。

洞庭湖上的屈原怀念楚国。汴梁城内的李煜怀念着南唐。

《乌夜啼》：

昨夜风兼雨，帘帏飒飒秋声。烛残漏断频欹枕，起坐不能平。

世事漫随流水，算来一梦浮生。醉乡路稳宜频到，此外不堪行。

到汴梁大半年，入秋了，李煜还是“起坐不能平”，心中翻波涌浪。

情绪的波涛之上，绽放出一朵又一朵词语之花。

世事坎坷，醉乡路稳。梦中南国正芳春，忙杀看花人……

八月初的一天下午，徐铉和曾氏到礼贤院看望李煜。徐铉六十多岁了，一大把白胡子，拄杖而行，面有戚色。见了旧主他扑通跪下，也不管院子里有宋人派去的老兵。李煜扶他起来，说：你如今是宋臣了，不必对我行大礼。

徐铉说：臣年过六旬，来日无多，跪一次算一次吧。

曾氏盛妆而来，向李煜行南唐命妇礼，泪流满面。

院中有梧桐、菊花，斜阳照着。

老兵搬来了两把寻常椅子，李煜再三叫徐铉坐，徐铉才坐了。曾氏侍立，奉上清茶。徐铉请李煜原谅他做宋臣，李煜摆手说：你家老小性命要紧。

徐铉说：臣不会为宋主效劳的。

赵匡胤想让徐铉掌翰林院，遭婉拒。

徐铉说，南唐御史柳宜（柳永之父）等人托他捎话，乞求李煜原谅他们做宋臣。李煜再次摆手说：他们也有家人。国破易主，自古而然。

徐铉再拜，替柳宜等人谢旧主。

李煜望菊出神，忽然说：悔不该杀了潘佑、李平。

言毕，落泪了。

徐铉徐徐道：潘佑、李平皆自杀，非主上所杀。

李煜说：是我杀了他们。我不将潘佑下狱，潘佑不会死。

徐铉慨然道：主上担当罪过，此心可昭日月。

李煜站起身，亲自为徐铉、曾氏奉茶说：你们侍奉我半辈子，我敬一杯茶吧。将来做鬼时，我们还在一块儿喝茶写字，好吗？

徐铉老泪纵横曰：愿奉陛下于九泉……

那老兵见状，也复唏嘘。

曾氏说：庆奴不在了，请主上容奴婢伺候几日。

曾氏提到庆奴，李煜黯然神伤，拿眼去看墙边的菊花。二十多年前的重阳佳节，瑶光殿中赏秋菊，十二岁的庆奴怪顽皮的，随他去百尺楼，噘嘴说：庆奴抄杜工部诗，写了八十七个字呢，可把庆奴累坏了……

往事漫天涌来，李煜泪如雨下。

他曾到净德庵凭吊那八十几个集体自焚的女尼。黑炭尸身连成片，凭借他和娥皇赐给庆奴的玉佩、玉镯，他才认出庆奴的尸体，摸摸她的鼻子嘴唇，竟化作黑灰掉地，而玉齿尚存。

庆奴戴过的玉镯，抱过的"湘君"，李煜都带到汴梁来了，和娥皇保存的那只旧鱼篓放在一室。李煜常于室中焚香默坐，良久不出。

"往事只堪哀，对景难排。秋风庭院藓侵阶，一行珠帘闲不卷，终日谁来?"

娥皇不来了，庆奴不来了。小仲宣，黄保仪，李进晖……

"林花谢了春红，太匆匆! 无奈朝来寒雨晚来风。胭脂泪，留人醉，几时重? 自是人生长恨水长东。"

徐铉伤情不能禁，杖而后起，对李煜拱手再拜说：臣去矣。

徐铉上车时，却对那老兵说：我徐铉今日来礼贤院的事，你尽可上报邀功。

老兵肃然道：在下也是一把老骨头，想积点阴德。

是年初冬，赵光义要杀赵匡胤。

赵光义和他哥哥一样，原是北周将领。他是那种一生都在耍手段的阴险之辈，按儒家的标准衡量，品德败坏，嗜血，喜欢抢东西，不懂生活艺术又要装模作样。他善于搞阴谋像他哥哥，却没有哥哥搞阴谋成功之后的雅量。他是个嫉妒狂，小时候在这方面有丰富的积累。

皇兄对李煜客气，赵光义很不以为然。

他看过窅娘的"芭蕾舞"，痴迷那双小精灵般的秀足；近距离瞻仰过小周后的绝世容颜，心里扑通扑通。可是皇兄一再抑制他的邪念，提醒他不要乱来，尤其对小周后女英。

善待降王，是赵匡胤的一大政策。

赵光义却是泼皮，哪管什么政策。

公元976年十月十九日，宋太祖赵匡胤猝死于万岁殿。

那一天深夜下大雪，兄弟二人喝酒，内侍宫女远远看见烛影闪烁。忽见宋太祖以柱斧击地，对赵光义大声道："好做，好做!"然后倒床酣睡，鼻息如雷，当夜暴卒。赵光义翌日称帝，穿上龙袍。

史家分析说，赵光义屡屡调戏花蕊夫人，导致皇兄愤恨。

赵匡胤为大局考虑，忍气吞声。赵光义在京师势力大，坐镇开封府十余年，党羽盘根错节。

但此后，兄弟失和了。花蕊夫人今日明侍哥哥，明日暗陪弟弟。

那个初冬的大雪之夜，哥哥请弟弟喝酒，多半含有和好的意思。赵匡胤始终以大局为重。他有善念，比如赵普曾劝他杀周世宗柴荣的后代，他不从。对周世宗，他还有负罪感。

然而赵光义比野兽更凶残，真正做到了六亲不认。他先下手为强，毒酒害死宋太祖。为什么？因为那把龙椅令他很紧张，他太想要了，而太祖将来是否传位给他，他一直有疑虑。据说杜太后留下的"金匮遗诏"有三个不同的版本，其中两个版本对他不利。再说太祖身体好，说不定寿命比他还长，于是动了杀机。皇兄雪夜请他喝酒谈心，机会来了。他毒死过孟昶，下毒很在行的。他笑呵呵的，仿佛为哥哥的诚意所打动。笑里藏刀很容易，毒死亲哥哥小事一桩。

后来，他又弄死了赵匡胤的长子赵德昭、次子赵德芳、拥有实权的弟弟赵廷美，这些人对他抢来的龙椅有威胁。二十三岁的赵德芳"寝疾薨"，与太祖一样死在睡梦中。赵光义的儿子赵元佐，为父亲的桩桩恶行弄得精神失常，整天惊叫……

宋太祖赵匡胤卒，年仅五十岁。

赵光义由他的动物本能所驱使，毒死皇兄抢龙椅，即使天下大乱，他也在所不惜。他认为自己是活在历史潮流中的，从秦汉、魏晋、隋唐到五代十国，抢龙椅的男人知多少？皇兄不欺后周幼主，哪来大宋天下？

赵光义的超常发挥在于：他把动物本能贯穿到底，以血淋淋的恶行高举着兽旗。另外，他又是个流氓泼皮：太祖在位时，他疯狂染指皇兄的嫔妃，皇后以下，几乎无人幸免……

为了一件龙袍，赵光义伤天害理毫无心理障碍。

这要"归功于"从秦始皇累积到五代十国的皇权意识。皇权的更迭伴随着血腥，赵光义认为是常态。

赵匡胤死了，天下数赵光义官最大，可以乱来了：命窅娘进宫做舞蹈老师；封女英为郑国夫人，试图赢得佳人芳心。

女英毫无动静。

赵光义想：好瓜不可强扭……他撇下女英，先打窅娘的主意。

窅娘入宫，脸上没笑容。勉强跳舞，四肢僵硬，一对深目黯淡无光。南唐宫中她跳了多年舞，和大周后小周后情如姐妹。

娥皇去世，她哭得死去活来。排练金莲舞的那一年，娥皇做她的艺术顾问，每日形影不离。她跳舞的天分让大小周后叹为观止。暗恋李煜则是自然而然的事情，不暗恋才怪呢：堂堂一国之主，对谁都和蔼可亲，言语行动体贴人。李煜一来她就激动不已，为他跳舞，激情穿透了四肢，异邦女子的美目顾盼生情。由此她把舞蹈上升到理论层面：舞与情，须臾不可分。

李煜说过，看到窅娘，就会想起大周后。

现在窅娘被弄到赵光义的御座前，娇媚的女子，面对一脸横肉的汉子。如果她不黯淡不枯萎，她就不是一朵鲜花。

为活命她跳舞，足尖点了几回地，赵光义的宫女们就大呼小叫了。一夜之间，宫中流行以帛缠脚，赵光义发布诏令：小脚女人好！于是大脚宫女被赶出宫去。民间受影响，缠足之风从大户人家传到小户人家，从城里传到穷乡僻壤。

而窅娘当年缠足，只为跳舞。

她拒绝跳金莲舞。赵光义问她理由，她说，没有金莲台，她是没法跳的，找不到跳舞的感觉。

赵光义笑道：这个好办。

宵娘想：你用纯金铸莲花瓣，再以青铜柱支撑，造型要恰到好处，工艺可是十分讲究，北方的工匠有这能耐吗？

公元977年七月初的一天，皇宫忽然摆出了高六米的金莲台，矗立在新修的莲池旁。池中荷花从江南移植过来，亭亭开出一小片。宵娘正准备要挑剔一番的，走近一看却吃惊不小：这不是澄心堂的金莲台吗？

赵光义的笑声从身后传来：宵娘啊，你说朕的本事大不大？

宵娘呆了。

看来她不能不跳了。她选择了时间：牛郎织女相会的七夕跳金莲舞，跳完之后她就、她就……

赵光义会心一笑，准奏。

七夕到了，皇宫内外灯火通明。穿一身江南碧纱的宵娘果然在高高的金莲上起舞，如梦如幻，喝彩声四起。可是奇怪，她始终背朝御座，向东舞，敛衽再拜。赵光义下令：宵娘转过身来！宵娘却根本听不见。东面是后主住的地方呢，她默念：国主四十一岁大寿，宵娘为您跳金莲舞！

她又想念大周后了。"佳人舞点金钗溜，满地红衣随步皱……"

她纵身一跃，跳入那片清丽的荷花。

李煜并不知道这桩惨剧。宵娘去了宋宫，他再添一层忧伤。想念故国，追思娥皇，夜夜梦回金陵。有时和女英梦到一块儿去了，夫妇二人，半夜三更相拥而泣。女英自从到汴京，性格有些变化，少女的清纯染上忧虑，快人快语少了，别有一种沉静的光景。她不得不长大，想事情，为李煜分忧。她有了皱眉头的习惯，而侍女们说，她皱眉的韵味儿不减欢笑。她转为苦笑：若是在南唐，李煜会发现她脸上的每一个细节。

"刬袜步香阶，手提金缕鞋……"

想到这词句，她就悄悄抹眼泪。

窅娘走了，她有预感的。她记得赵光义投向她的眼神。那个男人，先封她什么夫人，不久又拨款三百万给李煜，她明白对方的用心。

她时常走神。李煜在院子里徘徊。

好诗真如春花，却伴随着淅淅沥沥的春雨。

> 帘外雨潺潺，春意阑珊，罗衾不耐五更寒。梦里不知身是客，一晌贪欢。
>
> 独自莫凭栏，无限江山，别时容易见时难。流水落花春去也，天上人间。

李煜此间填词，只写不唱。女英和李姓家人拿去传阅。传看已经哭成一团了，再去伴以丝竹，场面不堪设想。这首《浪淘沙》，女英读到一半就急忙跑开了。

她哭了一整夜，红颜憔悴。

清明节祭亡妻娥皇，李煜写《更漏子》：

> 金雀钗，红粉面，花里暂时相见。知我意，感君怜，此情须问天。
>
> 香作穗，蜡成泪，还似两人心意。珊枕腻，锦衾寒，夜来更漏残。

燃香生成穗状烟雾，称香穗。珊枕腻：珊瑚做成的旧枕头，因残留着娥皇的肌肤痕迹而滑腻。

赵光义在他的北苑大兴土木，模仿江南园林，弄了很多亭台楼阁，假山真水，传旨叫李煜去观赏。李煜老实，针对园林布局提了几条意见，其中一条说，新东西新得扎眼，反而破坏了北苑原有的粗犷风貌。

赵光义斜睨他，嘲笑说：你懂园林艺术，却失掉大好河山。

李煜默然。

赵光义剽悍，李煜清瘦，两个男人步入北苑的空旷处。夏末秋初，北雁南飞。李煜目送南飞雁，忘了身边的赵光义。

皇帝察觉了，鼻腔里哼了一声，李煜居然没听见。

诗人恍如在梦中。

闲梦远，南国正清秋……

赵光义身上有股子拧劲儿，类似大街上的泼皮。战场上打败了对手，他就处处想当赢家。短短一个月之内他三次召见李煜，参观他的崇文观藏书楼，他的古玩玉器，其实都是抢来的。换个好听的词叫战利品。李煜也无心辨认，哪些是南唐宫中的东西。赵光义指指点点炫耀着，一脸得意。对他来说，抢的就是买的。李煜和他细论书籍，版本，纸张，内容，流派，他哼哼哈哈，左支右绌。李煜不禁想：这人怎么这样呢？大老粗就大老粗吗，何必附庸风雅？

赵光义问以国事，李煜搪塞他。

崇文观三层藏书楼，二人凭栏远望，一个向北，一个向南。赵光义担心北方的契丹人呢。李煜则默念他的新词《子夜歌》：

人生愁恨何能免？销魂独我情何限。故国梦重归，觉来双泪垂。

　　高楼谁与上？长记秋晴望。往事已成空，还如一梦中。

他深陷在词语中，又把身边的皇帝忘了。

赵光义每次召见李煜都发现自己不痛快，好像没处显摆。他初登皇帝位，显摆劲头高，尤其对李煜这种男人。他还特意拉李煜到寝宫，展示他那吴越进贡的七宝龙床。赵光义拍拍李煜肩膀说：你知道吗？你输在你的文雅，我赢在我的野蛮。

赵光义坐龙床，意味深长地笑了。床上的锦衾、纱帐、珊瑚枕他也不缺，可他的笑容里包含了一位千娇百媚的佳人。这是他在心理上击败李煜的秘密武器。

李煜看不懂他的笑容，出宫，打马自回。

小周后问起召见的情形，李煜简单讲了几句。

窗外秋色渐浓。女英脸上，仿佛有心事。

胜者为王，有时却像山大王，认为抢东西是好习惯。宋太宗赵光义有个逻辑：江山都弄到手了，还有什么不能弄的？

李煜身边的好东西，赵光义都想抢过去。

这皇帝会想：李重光李重光，你那贵族派头，你的文化优越感，全他妈的拉倒吧！老子不识字又咋的？老子能打赢！弄走了你的舞蹈家你不敢吭气吧？下一个轮到你的漂亮老婆，"南唐二乔"中的小乔，小周后，小女英，矜持才有味儿哪，傲慢才刺激！

赵光义召女英"例随命妇入宫，一入辄数日"。他具体干了什么，史书省略了。只说女英"出必大泣，骂后主，声闻于外。后主多宛转避之"。

> 云一涡，玉一梭，淡淡衫儿薄薄罗。轻颦双黛螺。
>
> 秋风多，雨相和，帘外芭蕉三两窠。夜长人奈何。

这首《长相思》，是李煜当年为女英写的。娥皇尚在病中，二人幽会，不得常相见，只能常相思。云指她的头发，梭指她的玉钗。淡淡衫儿是她的服饰。

赵光义张开血盆大口，女英也会还以颜色，用锋利的指甲，用剪刀！

女英骂李煜，骂他不能保护自己的女人。可是李煜怎么去保护？女英"大泣"又大骂，不怕让外面的人听到，看来她是豁出去了，与其受凌辱，不如一死！可她又不能死，因为李煜还活着。

> 多少泪，断脸复横颐。心事莫将和泪说……

女英痛骂，李煜"多宛转避之"，这情形表明两点：痛骂不止一次；李煜知错，宛转避开她。其实李煜的痛苦哪里在女英之下，他不宣泄，咬碎牙和血吞，充分显示了他的高贵。

> 多少恨，昨夜梦魂中。还似旧时游上苑，车如流水马如龙，花月正春风。

李煜笔下的"恨"字，多么有力量。

恨声传到"赐第"外了。李煜的诗词"为时传诵"。当年之繁盛，今日之孤凄，欣戚之怀，相形而益见。

汴京城里，李煜的词像秋风一样吹遍了每一个角落。士大

222

夫中更是屡禁不止，赵光义十分恼火。

他动了杀机。他等待时机。

官员们的饭桌上悄悄流行荤笑话，说圣躬幸女英异常吃力，拿不下又舍不得。

元、明、清皆有宫廷画工画"宋太宗强幸女英图"，色调多猥亵，显然是迎合宫廷淫趣，不足为凭的。谁见过当时的情形呢？画工们展开想象的凭据，主要是陆游的描述。女英"例随命妇人宫，入辄数日"。命妇是指有封号的贵妇，如女英，封郑国夫人。皇帝对命妇享有身体的特权，但一般情况下还是比较谨慎。例如唐玄宗把他的儿媳妇杨玉环弄入宫，是颇费心机的，先让杨玉环做宫中的女道士，过了几年才正式封她为贵妃。宋太宗骨子里是个粗鄙人，阴险嗜血之辈，他乱来的可能性极大。女英是李煜的妻子；女英在南北方都享有盛名；女英以贵族女子的高傲挑战他这鄙夫的占有权。此三层，把赵光义邪恶的欲望推向顶端。

他如此强大，杀人如麻，却撼不动女英的高贵：她美丽的头一直高昂着，轻蔑的目光越过他的皇冠。这目光对赵光义是很要命的：它挑战帝王的咆哮、"雷霆之怒"。没有一丝温柔，美目永远冰冷。赵光义甚至有冲上去就败下阵来的感觉，却只在一闪念。他那愚蠢的帝王之尊遮住了他的深入皮下的自卑感。

三月中旬的这一天，女英又被抓到宋宫，过了三天两夜。

她回到李煜身边，哭骂丈夫无能。丈夫无语，她归于无泪。

她用梅花雪水洗澡，沉香木桶中垂首搓洗、浸泡，一再换水。二月，她曾疯狂积攒梅花树下的雪水，用十几个大缸埋于地下。李煜除了温柔地沉默，却也做不了什么。

命运就是这样。命运越来越"显形"了。

　　深院静，小庭空。断续寒砧断续风。无奈夜长人不寐，
数声和月到帘栊。

　　女英颤动着命运的微波，锦衾山枕也颤抖。它们都是有情
物，伴随着她的喜悦与悲哀，陪她做过多少好梦！她还像个孩
子。贵族少女入皇宫，由着性子爱檀郎，几千个日日夜夜啊。
春花秋月何时了，往事知多少……柔仪殿，绮霞阁，百尺楼，
秦淮河，钟山深处红罗亭，晨昏连着晨昏，情波盖着情波。她
舞蹈，她歌唱，"一曲清歌，暂引樱桃破"。她是走路也要旋转
的，她是梦里也要欢笑的。偶有烦恼，转眼便消……可是命运
突然向她翻出了底牌。她才二十八岁。如花芳龄，却一下子走
到了悬崖边上，她瞅着万丈深渊。

　　未来被堵住了，汴京苟活的时光恐怕已不多，她被逼入死
角。如果她配合了赵光义，那么，命运的底牌将翻出"苟活"
二字。她将被册封为什么贵妃，而赵光义拿这事儿到处宣讲：
他征服了南唐，降服了国主，赢得了江南第一美女的芳心。他
和她出同辇、入同室，欣赏她的舞姿歌喉，宣称自己胜过唐明
皇……

　　苟活，势必活出这些光景。

　　拒绝苟活，则意味着死亡。女英是瞥见了死神的面影了，
死神不在别处，只在凶神恶煞赵光义的眼中。

　　配合能苟活。可是高贵的女英，刚烈的女英，深爱着的女
英啊，怎能去配合龙袍禽兽？

　　而她选择了苟活，就等于杀了李煜。

　　没有选择的余地，她只能迎着死神。

　　美神爱神迎着死神。

　　娥皇姐姐今夜来否？

仲春花袭人。女英此一刻倾听着深夜。

温柔的男人永远温柔。

女英开口说：重光你听——

李煜把视线投向她的目光所指。

奇迹出现了：

无风门自开，佩环声动娥皇来。

第十三章　醉乡葬地有高原

三月中旬这一夜，赵光义也没有睡好。

半夜他披衣出去，他要寻思寻思。北苑很空旷，星大如斗。他从三更走到五更。走一步骂一句，很多事他都想不通。有个"小黄门"（内侍）跟着他，自寻晦气：接他一句话，倒被掌嘴。皇上那出了名的大耳巴子打肿了他的细皮嫩肉。

赵光义骂李煜又骂女英，用他的洛阳土话。小黄门听不大清，接嘴挨了掌嘴……

赵光义想不通的是：李煜夫妇凭什么如此高傲？降王他见得多了，包括他们的女人。那成都大美女花蕊夫人如何？很有才是吧？孟昶一死，她从蜀宫来到宋宫，弄姿搔首大展风情，还写诗嘲笑四十万蜀军："更无一个是男儿。"赵光义想：女人都是贱货嘛，给她们两样东西，金子和鞭子，哪个女人不趴下？

然而小周后给他迎头痛击！

龙袍禽兽的眼睛，看不懂女人啦。

李煜更奇怪，老写那些个词曲，不独朝廷士大夫欣赏，汴梁的寻常人家也在传抄，一首词竟然比他的圣旨还传得快。而崇文院里堆的那些书，大都是从南唐抢来的，有书上盖的印章为证。赵光义要显摆文化，却受到丞相赵普的嘲讽。

赵光义想到李煜的风度就来气：这文质彬彬的金陵男人居然骨头硬。

赵光义开始考虑李煜的死法了。砍头太简单；凌迟说不过去；亲手勒死他，死后他摆在那儿还是显得长身玉体，像一座倒下的玉山。魏晋时的嵇康"龙章凤质"赴刑场，弹《广陵散》，万人为他泪飞如雨……

赵光义摇摇头，他不能像司马昭那样干蠢事，他绝不能让李煜死得好看。

李煜写过一支曲子词，曲名就叫《嵇康》，江南江北俱有传唱。南宋犹存。"《嵇康》，江南曲名也……其词即南唐后主所制焉。"

也许赵光义听过这首哀婉凄美的《嵇康》。

他想：什么东西能让李煜死得难看呢？

一味药。

他又想：选择一个什么样的日子叫李煜死呢？

七月初七。

赵光义咧嘴笑了，他感到一种前所未有的刺激。杀人向来有快感的，怎么杀，选择什么样的时机下手，这些事儿，他想着就有快感。

公元 978 年，农历七月初七。

这一天，李煜和往年一样过生日。兄弟四人连同眷属，几百口呢，赐第也算豪华，他毕竟是赵匡胤封的"违命侯"。赵光义上台之后，又封他什么公。"故伎"九个，清一色的江南女子，歌舞俱佳。她们是他的铁杆儿队伍，从几十个自愿随他迁汴京的伎女中挑选出来的。当时北宋大将曹彬限制登船的人数，不然的话，跟他走的人会更多。江边为他送行的金陵百姓多达万人，许多人呼喊他，江水为之滞流。女英感动得泪水长流，她白衣俏立船头，挥动纤手，虽然时在冬季，依然楚楚动人。——她是南唐举国崇拜的偶像呢。

过生日有新词，歌女们在排练。因新词出色，她们十分投入，排着练着，仿佛回到江南了。《虞美人》：

春花秋月何时了，往事知多少？小楼昨夜又东风，故国不堪回首月明中。

雕栏玉砌应犹在，只是朱颜改。问君能有几多愁，恰似一江春水向东流。

歌女们昨日练这歌舞，只用了几个时辰。后主的词句一经照面，便渗入了她们的肌肤，抵达了她们的心房。她们轻唱，曼舞，泪光点点，星眸闪亮。抬脚尖，动长臂，旋转纤腰……九个人变换着舞阵，裙裾窸窣作响。子夜时分，已然高度默契。"雕栏玉砌应犹在，只是朱颜改。"金陵故宫朱颜改，她们却有芳华在。她们是歌者舞者动情者，别了江南，紧随后主。舞回江南，唱回江南……难怪她们深更半夜不愿撤离呢。小周后催了几次，她们佯装没听见。侍女送来夜宵，她们边吃边琢磨更为传神的动作。七夕为后主祝寿，这歌舞是她们共同献上的礼物，定叫后主吃上一惊：她们用舞姿用歌喉，把那锦绣江南填满这汴梁的赐第。她们浑身上下洋溢着春花秋月，她们的每一个细小的动作都在诉说着南唐往事。故国不堪回首，故国也可以回首。"问君能有几多愁？恰似一江春水向东流。"初唱这一句，她们眼泪横飞。愁如落红万点，愁似关山千重。可是渐渐地，她们收了眼泪，绽放春花般的容颜。到汴梁两年多了，她们舞了多少次，唱了多少回，慢慢地、不约而同地积下了一个心愿：将她们的寸寸肌肤幻化成千娇百媚的江南。她们就是江南，呈现于仁慈后主的纯美目光。

七月七，晨光初露，九个歌女像约好了似的，静悄悄聚于"礼贤院"西侧厢房的排练场，随意哼起节拍，整齐舞动四肢。后主新词《虞美人》，昨夜陪伴她们入梦，却被她们在梦中改了色调：添了些暖色、喜庆之色。此刻节拍起腰身动，她们禁不住彼此会心一笑：她们在歌舞中发挥了李后主的杰作，尽情而又谨慎，哦，这多不容易。艺术本是把握分寸。为何如此默契？只因情愫使然：她们的柔媚江南，她们的仁慈君主……故乡何处觅？此间有消息。

暗恋有消息：比如她们正说着话，李煜一来，她们老远听到足音竖起了耳朵，将停在舌尖的言语给忘了。事后互相打趣：刚才说啥呢？话头怎么忽然就没啦？

话头被情丝牵走了。

李煜离开，她们也是要听足音的。却又装成未听的样子，比如蹲下身子弄弄鞋带，凝神斜睨地面儿：李煜的背影在余光里呢。

李煜有时穿木屐，踏着青石板，绕过回廊。身形挺拔而修长。他轻快，她们就轻松。

可是，如果他的步履稍显沉重，歌女们就会……

从入夏到初秋，女英一改憔悴，回复了往日的光彩。日上三竿女英方起。

她沿着那条小路朝歌女们走来，两只蝴蝶在她的云高髻上飞。她敛了裙裾蹲下，拾起一枚榆钱，摊在掌心瞧了瞧，抛向空中。蝴蝶、榆钱、女英、上午的阳光、歌女们的目光……

秋水迎上去。女英携了她的手，并肩上台阶，过回廊。二人的身量一般整齐。秋水有些"骨感"的味道，女英更圆润。

落英缤纷，秋水荡漾。女英与秋水同是秋天的表达，以不同的形态，双双环绕有着动人传说的七夕。

女英说：你们昨晚累坏了，今天应该多睡一会儿。

流珠说：国主过生日，我们不累的。

吉日心情好，良辰有舞蹈……

秋水做个手势，少女们迅速站位、"鱼贯列"，清一色的天水碧纱，薄如蝉翼。腰带、舞鞋分大红与乳白两种，单是秋水用了天蓝色。她以纤指团作蓓蕾状，缓缓模拟那春花初开。然后踮起脚，兰花指上跷，喻示那浩瀚夜空中的一轮秋月。

流珠清唱："春花秋月何时了，往事知多少……"

秋水率先转身向南望，其余的几个精致脑袋也扭头含睇。阔别两年的石头城历历在目。

艳丽春花改写了冰冷秋月，染红了往事，约束了哀愁。女英频频点头：好啊，真好！

眼泪涌入她的眼眶。

"雕栏玉砌应犹在……"

歌舞不让朱颜改。

李煜观此舞，想必会为之一振吧？好好地活下去，活在词语中，活在众人由衷的祝福里。

词语挽留往事，重现南唐的美好时光。往事并非只堪哀。哀，愁，恨，是具有时间性的，每重复一次，它们都会消耗着自身。没有亘古不变的痛苦。如果痛苦能够亘古不变，那么这种痛苦的价值倒是难以测量：痛苦的无限持存，将导致痛苦的无穷生发。或者说，痛苦显现为痛苦的铀矿。这在凡间是不可能的，仙界或许可能。情绪的无限持存，唯一的途径是进入语言。

当李煜在词语中活向过去的时候，他也就摆出了面向未来的姿态。这里没有死神的现实身影，要死他早就死了。金陵城破之日他自杀的决心很大，却终于活下来，带着残余的死亡意象来到汴梁。所有的吟唱都使他停在了死亡的边缘上。词语竖起了一道高墙。词语消耗了哀愁的能量，阻止了生命的颓唐、下坠。而李煜直面哀愁恨，把生命带向语言，坐上了艺术王国的"龙椅"。如此显赫的一代帝王，光照两宋三百年，惠及后世兆亿人。

李煜"肉袒而降"，肉袒而已，内心不屈如故，赵匡胤封他违命侯恰如其分。降王好几个，唯李煜得此封号。赵匡胤能打败他，却不能折服他，令他现出亡国奴的卑躬屈膝的模样。赵匡胤弄不明白的是：李煜的"底气"究竟从何而来？

这底气却是从修养、信仰来。

信奉刀枪逻辑的赵匡胤弄不懂的。

到汴梁两年，李煜深陷在词语的巨大能量之中，近乎本能地朝着艺术的王国，朝着属于他的那把龙椅。他重返了童年的憧憬。哦，经历了多少事，经过了多少年，他得以返回生命的源头。本无意坐江山，所以江山的失去，并不足以摧毁他的生存意志。爱情与艺术，乃是他的生命支撑。有此二者，他就没有苟活。毋宁说他活出了绝世风采：从未有人如此表达生命的哀愁。

江山可以改姓，艺术却要永续。

南唐江山改姓赵，南唐的百姓照样过日子……

七月初七，是李煜的四十二岁生日。

日色向午，歌女们最后一次演练《虞美人》，歌声传到了赐第之外。

这节目安排在夜里，是祝寿的压轴戏。

李煜想到西厢房看排练，让女英给拦住了，她要给他一个惊喜。她要用脉脉温情覆盖他的哀愁，就像他用爱抚的手指拂去她心中的巨大疼痛。夫妻二人，互舔伤口。迎着苦难活下去，活到白首双星，苦难也不过如此。苦难的海洋波涛汹涌，患难夫妻同舟共济。

长住汴梁也不错，此心安处是吾乡。

李煜对南唐的无穷追忆，还会写下多少绝妙好词？

一字一珠，照亮南人北人的生活世界。并且，没有贵贱之分。从赐第到寻常市井有一条快速通道。血泪书写的词章，抵达了人性就抵达了所有人。与之相比，区区皇帝的圣旨算什么呢？哪怕它是金诏玉旨，哪怕它挟带雷霆之势。

李煜站立在生命的苦难中。身边有不屈的俏女英。

美神与爱神，岂是溢美之词？

李煜执拗于哀愁恨，凸显了七尺男儿的阳刚之美。

亲友，故伎，旧臣，南唐的百姓，多少人在祝福着七夕。

薄暮时分，歌女们参加了祝寿的晚宴，喝下几盅南唐御酒。因席桌散落在几重院子，李煜特意绕道过来给她们敬酒，用他的玉箸逐一为她们布菜。秋水是一沾酒脸就红的，又粉面含羞，禁不住拿眼去瞧李煜。宜爱悄声打趣：秋波横欲流……流珠等人掩嘴而笑。李煜问：你们笑啥呢？

流珠说：笑秋水盈盈，都快要溢出了眼眶。

歌女们又笑，红唇玉齿次第开。

李煜说：等你们的压轴戏唱完之后，我再陪你们吃夜宵。

秋水笑道：国主可要说话算数。

李煜说：我几时说话不算数了？

宜爱说：你说过到西厢房看我们排练的。

李煜笑道：女英不让来呀，说是献寿礼有秘密。

流珠说：国后所言极是，我们在梦中得了神助呢。

李煜问：如何神助法？

流珠笑：不能透露的，吃夜宵的时候再告诉国主。

一场歌舞通常要跳半个时辰，寿庆又不同。歌女们攒足了精神，即使是舒缓的动作，也很费心力。每个人都觉得自己和李煜有一条秘密的心灵通道。为他歌，为他舞，只要能换来他的一丝微笑、一个赞许的眼神，她们就会窃喜不已。她们敬爱李煜，倒不全是因为李煜是她们的国主。这些年的许多事儿，她们桩桩件件看在心里。娥皇病死，李煜欲投井的情形，宛如发生在昨天。宵娘自杀，李煜得知消息后几天吃不下饭，为宵娘设祭招魂……古往今来多少君王，像李煜这么心疼女人的有几个？而自从她们随李煜到汴梁，月俸竟比以前在金陵的时候高出许多。赏赐的金银玉帛也常有，李煜说，是让她们攒下一点钱，他派人替她们捎回江南老家去……

李煜敬酒，歌女们情绪高涨。秋水，流珠，宜爱，均与李煜喝下一盅，琥珀杯子轻轻一碰，目光也在轻碰。明白的敬意，隐秘的爱意，说不清是在漂亮的杯里呢，还是在妩媚的眼里。总之，举杯之时，手也颤，酒也晃，脸也烫，心也慌。秋水春波一并荡漾，其他几个歌女齐齐地拥上。

李煜说：今日我不醉也得醉了。

一歌女笑道：国主纵然醉了，也不能食言的。

李煜说：我何曾食过言？

秋水说：古人云，食言而肥。国主的体格如此标准，自是未曾食言的缘故。

流珠说：秋水说的是。国主的体格、模样、风度，江南谁能比啊？

一歌女说：江南江北，国主第一！

李煜笑道：酒醉我，话又醉我，待会儿你们的歌舞还会令我陶醉。一夕三醉，这生日过得不错。

李煜走后，流珠笑道：国主讲三醉，依我看有四醉五醉呢。

秋水问：如何四醉五醉？请说来听听。

流珠说：这上上下下的几百口祝福国主，算不算一醉？天上星月灿烂，地上烛火通明，人间天上共贺七夕，算不算一醉？

秋水笑道：你这么能说，国主又添一醉了。

宜爱说：六个醉了。

流珠说：国主六个醉，我们这儿九个醉。

秋水笑问：此话怎讲？

流珠反问：这还用解释吗？莫非你心头不陶醉？我们都醉了，莫非你还清醒不成？

秋水红了脸：我和大家不是一样的吗？

流珠摇头：很不一样。

一歌女故意说：我倒有些不明白，秋水姐姐的陶醉，为何跟我们的陶醉不一样。

流珠笑道：傻姑娘，我们只是心醉意醉梦里醉，秋水姐姐的陶醉比我们略多一些。

宜爱叹息说：幸福的秋水……我是枉称宜爱了。

流珠感慨地说：宜爱宜爱，宜于心头爱。今日国主过生日，我也不怕说出这个字了。这些年哪，从南到北，从家乡到异乡，这个字眼不曾与我须臾相离。吃饭是它，走路是它，睡梦里也是它。我是懂得了，但凡有爱意荡漾，就会有陶醉，就会有幸福。历代宫中的女孩儿，试问有几个能与我们相比？

流珠一席话，说得众女孩儿眼圈都红了。她们举杯站起来，挨个儿亭亭玉立，酒一沾唇就下去了，粉颈一律染了轻红。动作整齐，像排练舞蹈。

爱意溢出芳心，歌女们就七嘴八舌了。

爱意，快意，醉意，弥漫在公元978年的七夕……

女英今夜却皱着眉头，"黛螺"弯曲。她有一种不祥的预感，几天前就有了，而后主的新词始终令她隐隐不安。《虞美人》原是唱虞姬的，莫非、莫非……会对李煜下毒手。

笙歌阵阵，女英越发心事重重，众目之下还得露出笑脸，于是有了一种奇怪的表情。不过她太美了，无论什么表情，都会叫人注目，留连她的五官布局，忽略她的焦虑。她上小楼照铜镜，自己也吃惊：今天这是怎么啦？芙蓉如面柳如眉……她急匆匆来回穿梭，似乎毫无目的；又忽然伫立门前，绞着一双纤纤玉手。

夜里，祝寿进入高潮，觥筹交错。

歌女们盛装登台了，天水碧纱裙，红舞鞋，小团扇，云发半垂。秋水领舞，流珠领唱："春花秋月何时了，往事知多少……"

哀怨之词却透着从容，台下的李煜一听就懂了。他面带笑容打着节拍。弟弟从善在他身边。

"故国不堪回首月明中……"

李煜若有所思。明亮的烛火照着他清瘦的脸。

歌女们足尖点地向南眺望，又舞到李煜座前，逐一弯下纤腰，向他深情祝福。

李煜站起身，拱手称谢。

"雕栏玉砌应犹在，只是朱颜改。问君能有几多愁？恰似一江春水向东流。"

语言艺术，歌舞艺术，释放了几多愁？

从此快乐当照面矣，南唐四十年的点点滴滴涌入这赐第。生活是能够继续的。善良而纯美的男人，不经意地定下赐第中生活的基调。几重大院挺好，绿叶扶苏，倩影晨昏穿梭。美食，歌舞，琴棋书画，日常琐屑，维系生活之意蕴。歌女欲嫁人时，自有人替她张罗。可是一眨眼两年多了，没人想出去。宜爱甚至说，年龄大了嫁个小厮也行……忧愁恨照亮生活的每一个角落，而所有这些负面的情绪，被李煜与生俱来的刚性之力所贯穿。想想他那金错刀似的"撮襟书"吧，想想他挺拔的身姿，想想他沉静的病容。"人生愁恨何能免？销魂独我情何限……"李煜迎着愁与恨，宛如置身漫天风雨。语言既是他的防御性武器，又是他摄取哀愁恨之能量的宝物。乐极生悲，否极泰来。"林花谢了春红，太匆匆……自是人生长恨水长东。"这鲜明的节奏感传递了李煜的内心，他已经能够测量愁与恨的长度。换言之，哀愁恨已完成自身，已抵达尽头。峰回路转有风光，快乐祥和将照面矣，负面的情绪恰好指向正面，苦难锤炼了刚劲之躯。艺术、爱情、佛陀般的怜悯……李煜将微笑着步入日常生活，有哀愁映照的欢乐更像欢乐。语言把人带向更高的生存。屈原七十多岁才投了汨罗，李煜还早呢。毋宁说屈原的自杀倒使后世诗人站立在生命的苦难中。

女英坐到李煜身边。李煜携了她的手。

女英望望台上的歌舞，对李煜说：秋水她们改了调子，是希望你……

李煜说：难得她们一片苦心，我会珍惜的。单为她们，也要快乐地活下去。

女英笑道：那我可要吃醋了。

李煜说：你是我活下去的主要理由。当初金陵城破，如果不是因为你，也许我会选择聚宝自焚。

女英说：为何说也许？

李煜望着女英精致的面孔说：动过自杀念头的人，方知生命珍贵。

女英喃喃说：我也是……

李煜拍拍她的手背。

女英说：如果你去了，我也会死。

李煜说：你不能死。你活着，我才能活在你的记忆中，如同南唐故国在你和我的记忆中。

女英微叹：道理是这样的……

流珠轻唱白居易的词：江南好，风景旧曾谙。日出江花红胜火，春来江水绿如蓝，能不忆江南？

秋水独自舞，天水碧纱轻飏，如梦如幻。

李煜说：江南是回不去了。

女英说：此时此刻，我们就在江南。

李煜点头：说得是。写江南，梦江南，舞江南……

女英说：够我们忙的。

李煜凝视她，微微一笑。

秋水领着诸伎跳起"芭蕾"，节奏加快了，足尖跳跃，身腰旋转。

李煜注视她们。

……

子夜时分，身后响起一阵脚步声，女英的预感被一帮不速之客证实：他们是宫里的太监和武士。太监一脸冷漠，武士全身披挂。这两拨人站定之后一言不发，领头的太监只挥停了台上的歌舞。过了一会儿，才有大人物被簇拥着登场，此人是赵光义的特使、秦王赵廷美。他径直走向一直坐着的李煜，含笑道个万福，李煜欠身答礼。赵廷美还敬了李煜一杯酒。他不讲来意并且敬酒，情形便不妙。李煜心下已知七八分，复斟一杯酒，示意台上的众歌女，然后一饮而尽。后来歌女们才明白，她们的国主是在做着一生中最后的几个动作。

小周后死死盯着那领头的太监，盯他无毛的、苍白的胖嘴。

太监清了清嗓子，环视一周，宣布圣旨：赐陇国公李煜牵机药。

女英当时的感受，我们也不用去描述了。

台上发出了几声尖叫……

七夕又名乞巧节，凡间的女子向天上的织女乞求织布的技巧。如此美丽动人的节日，却有人发明牵机药，赐给皇帝不喜欢的女人和男人。民间不多见，宫中常用。服下此药，因腹中剧痛而浑身抽搐，弯曲变形，双足与头部相抵、分开，作牵机状，机械重复一直到死。《默记》云："牵机药者，服之前却数十回，头足相就如牵机状也。"

龙袍禽兽杀人，想象力丰富。

时间，地点，毒药的名称与功能……

胖太监将放在金盘上的一包牵机药拿在手上，打开，把药粉慢慢倒进酒杯，还用指甲弹了弹黄色药袋。女英冲向太监，武士横刀拦住她。赵廷美喝着绿茶。

李煜走向女英，身形丝毫不乱。

李煜执她的手：今夜我要回金陵了。你要活下去，你要带着我活下去。

女英摇头。

李煜说：我最后的叮嘱你不听吗？

女英颤抖：我听……

李煜说：你放心，我在那边并不孤单，那边有你的姐姐。

女英说：告诉姐姐，我想她！

秋水、流珠失声痛哭。

赵廷美放下茶碗说：子时已到，陇国公该上路了。

李煜端了毒酒在手，对七弟从善、长子仲寓说：李家不能绝后，尔等不得轻生！

从善悄声道：臣弟接旨。

从善、仲寓等扑通一声跪下了。

九个歌女跪成一片，天水碧纱映衬红锦地衣。尽管泣不成声，却依然楚楚动人。这最后的瞬间，她们要美给国主看，让美伴他上路。

李煜连声道：好，好。

赵廷美斜睨他。

李煜望南而诵：

万古到头归一死，醉乡葬地有高原。

李煜一扬头喝下毒酒。

秋水发出惨叫：国主啊……

牵机药发作快，顷刻间肠内出血，剧痛难忍。李煜痉挛，脸白如冷月。头足相就，作牵机状，李煜强自将身体撑开，将头昂起来，只此一个动作，已是大汗淋漓，嘴角溢出鲜红的血……

满堂号啕。秋水、流珠、宜爱跪地叩头，斑斑出血。

他抽搐不止，曾经如玉树临风的身躯扭得奇形怪状，并且，像某种机械动作。药物力量太强，肉身抵挡不住。

牵机药来自赵光义的一个念头。

女英昏死过去，醒过来，丈夫扭曲的尸身已被弄走。这样也好，记忆中的李煜，永远是她的檀郎。

这"永远"也不过很短的时间，女英不吃不喝自毁红颜，一命呜呼，随丈夫去了。听起来像传说，像神话，却是有据可查的历史真实。

她刚过二十九岁，生日和李煜只差几天。

　　脸慢笑盈盈，相看无限情……

女英的无限情终止在公元 987 年的这个秋天。

而活在今天的我们，有义务将这无限情加以还原，显现其无限。无限的情与爱岂是微不足道？情爱亦能至高无上。它是人性的核心价值，是历史永远的闪光点，是我们活在这个星球上的主要理由之一。

恶有恶报。清代学者王士祯为《宋太宗强幸小周后图》做跋说："观此，则青城之事，不足怜矣！牵机之药，又何酷也！"

青城指宋宫，靖康二年（1127 年）北宋亡，金人在宋宫中大肆蹂躏宋徽宗宋钦宗的妻妾、女儿、侄女、孙女、嫔妃、宫女数千人。

野兽和野兽本相似。

都是龙椅害的。

李煜不抢龙椅，他犯了什么错呢？非得让他与赵匡胤杀得尸横遍野血流成河吗？

多少龙椅闪烁着尸骨的磷光，御用文人把这磷光说成是日月之光。

暴秦无道，刘邦项羽还算师出有名。而北宋吃掉南唐，是推翻一个邪恶的政权吗？是发动一场正义的战争吗？南唐数十年的幸福生活被血腥摧毁。赵匡胤比较老实，面对南唐使臣徐铉的质问，只说："卧榻之旁，岂容他人酣睡？"他并没有想到，后世学者巧舌如簧粉饰他的杀伐动机。

李煜和他的军民在金陵城抵抗侵略者达一年之久，创五代十国城市保卫战之最。他倒比赵氏兄弟更靠近"义战"。

李煜不事攻伐，只求凭借长江天险保境安民，这个国家战略是有效的。北宋虎狼之师，攻无不取，李煜若硬拼死得更快。备战也得偷偷搞。他选择夹缝中的生存是明智的。南唐出了一个卖国求荣的樊若水，可能是天意。五代十国纷乱已久，"分久必合"。

屈原之于楚国，李煜之于南唐，有本质性的区别吗？

韩愈说："楚，大国矣。其亡也，以屈原鸣。"

南唐，大国矣。其亡也，以李煜鸣。

屈原投水自杀了，南方的文化却风靡北方。李煜被赵光义毒死，他的诗词却雄视两宋三百年，光耀元明清，直抵今天。

软实力显现硬道理。

这硬度，远远胜过奇石砌成的宫殿、玄铁锻造的刀枪。唐宋帝国灰飞烟灭，而唐诗宋词伴随着中国人的日常生活，滋润我们的心灵，提升我们的美感。

可惜了，如果屈辱中存活的李煜再活几十年……

李煜有文集数十卷，交给徐铉保存，后来散佚大半。

他的大量作品毁于赵光义的泼皮流氓式的野蛮。

陆游记载说，李后主的噩耗传到江南，"父老有巷哭者"。

《十国春秋》说，李后主"多仁政，薄赋敛，尝亲录系囚，多所原释"，这与《后主本纪》称他"为人仁惠"是吻合的。吊诡的是，《宋史·李煜传》不提李煜仁惠，更不提赵光义拿牵机药毒杀李煜。除了一部《史记》，古代所谓正史有太多谎言，这也是"野史"得以盛传的原因。

赵光义毒杀了中国的顶级艺术家，毒杀了活向真善美的普通男人。

皇帝的罪恶需要清算。

清算的意思是说：总有人不想去清算。

几千年的皇权覆盖，流毒甚广，惯性甚大，至今以不易察觉的方式影响着民族的心理，却总有人睁只眼闭只眼，不知他心里作何盘算。恶毒的家伙，甚至跃跃欲试吹嘘暴君、美化皇权……

赵光义是现世报：不久他与契丹人战，一败涂地，后妃被掳去做了奴隶，受尽凌辱。他本人身中两箭，而箭疮最终要了他的命。他死于公元997年，距毒杀李煜九年。他活了五十多岁，和他所害死的哥哥赵匡胤差不多。

回头看小周后女英。

女英再一次遭到凌辱之后，开始面临着一个问题：她不想活下去了。也许死的念头未及清晰，倒是生的欲望提前淡薄了。她对食物不感兴趣，夜来睡不睡也无所谓。菜肴很精致，金陵菜，湖南菜，合她以前的胃口。床上的罗衾、红绡帐、珊瑚枕皆如南唐旧物。而所有这些，在她的意念中一闪而灭，她知道赵光义的用心。这个"知道"也是一闪而灭。

她的意之所向在何处呢？

她居住的庭院挺好。菊花、桂花、半池残荷，几棵老梧桐。两个侍女静悄悄伺候她。她在鬓边插上一朵菊花，侍女便嘀咕，面有喜色。

侍女请她用餐，她尝了尝说：不错，待会儿再吃吧。

黄昏时分，她把菜肴倒进了荷池。侍女收拾杯盘，惊叹她的好胃口，她抿嘴笑笑。

秋高气爽，星星闪烁，天边挂着半轮月。

女英长时间望着浩瀚的星空。她用鼻子嗅，仿佛嗅那天国的气息。

檀郎是哪颗星？娥皇是哪颗星？

女英仰着脸儿，脖子都有点酸了。她把头靠在一块太湖石上。星星向她蜂拥，天真高啊。

她想：瑶光殿中的牛形假山，那山前的空旷，那太湖石，那仲夏之夜浓浓的情味……

女英微笑了。她合了一会儿眼，又睁开。深蓝色的夜空布满神奇。

她曾经是"闹英"，扮作持双剑的沙场男儿，月光里娇叱连连；她走路蹦蹦跳跳；她直直地向李煜倒下去，声称自己是一座山……

此刻她多安静。

白日里她懒懒的，入夜就来了精神，眼睛发亮。她走过池塘，她探头望望墙边的那口深井。她拾起一片梧桐叶子，把叶片举向袅袅秋风。她步履轻快，石板路延伸到空旷处，那一人多高的可爱的太湖石立于空旷。她提了金缕鞋快步走去，脚上的袜子轻擦青石板镶成的小路。

月光比昨夜更亮了，月光把记忆铺开……

奇怪的是，女英不觉得饿。

侍女疑惑于她的举止，检查她的杯盘……

人是瘦了。人在秋风里如何不瘦？玉润珠圆一去不返。月在丰盈，人在消瘦。

所幸她未曾留下孩子，一个人好对付，无牵挂。仲寓已是大人，还做了什么将军。

又是夜深人静时，女英倚靠太湖石一动不动。

她摸摸手臂，肌肤的弹性正在减弱，大腿也是。腰背酸疼，额头滚烫。

娥皇活了二十九岁，女英也活了二十九岁。

活是什么意思呢？女英对此已茫然。

亲人们都在那边。

大周后小周后，两朵绝世名花，花期一样短暂。色太艳，也许花期本不长？

一个夜晚又一个夜晚，女英不回房。房间与床榻好像跟她没关系。是的，没关系。夜空是阴间抛给人世的一道帘幕吗？她静候着帘幕缓缓拉开……

月渐圆。

女英倚靠太湖石有些艰难了。她坐到地上，歪着头数星星，纤手上指，手在颤。最后的一缕情丝在当年。

> 画堂南畔见，一向偎人颤……

女英昏过去了。

明天的太阳将在天国为她升起。

她的云鬓和长睫毛上挂着晶莹的液体，不知是露珠还是泪珠。

> 万古到头归一死，醉乡葬地有高原。

李煜和女英的死，丰富了今天中国人的情人节。

美与爱，当如是。

后　记

　　细想李煜这个人，总觉得他不像一个皇帝，而是通常意义上的好男人，艺术家。他待人那么友善，修养那么全面，这样一个人，放在任何时代都是出色的，受人尊敬、令人亲近的。他骨子里是个艺术家，虔诚的佛教徒，这两种东西作用于他，淡化他的皇权意识，消解他的皇帝做派。

　　中国历史上，出现李煜这样的皇帝，值得庆幸。毕竟他乱世坐龙椅，一坐十五年，还能保留人的味道，离人道近，离兽性远。他不搞霸权，甚至不知霸权为何物。

　　李煜居于权力顶端而"人形"不变，这个不变，盖由于人性善的强大支撑，文化本能的强大支撑。

　　国家处于危难，他调动杀性艰难，他输掉战争不奇怪。

　　需要警惕的一种思维逻辑是：不问青红皂白，谁输了就指责谁。这种逻辑，若干年来劈头盖脸掷向李煜，何其粗暴。

　　李煜输在文化修养，也赢在文化修养，他的不幸，是文化碰上了刀枪。古希腊为西方文明奠定了基础，但希腊人打不过罗马人。清末，悠久的中华文明也难敌野蛮的八国联军。例子很多。文化欲自保，不懂刀枪看来不行。

李煜输在一时赢在永远，包括美丽的娥皇、可歌可泣的女英，他们的形象，有足够的理由矗立在中国人的心中。日本交响乐指挥家小泽征尔，在听过二胡独奏曲《二泉映月》之后，激动万分地说："这神圣的曲子，必须跪着听！"

神圣意味着：艺术和人类其他被推向极致的真善之物分享着至高无上。可惜中国封建史太漫长，人们倾向于向皇权下跪。权力在社会生活中，所占份额太大，至今余毒未消。

小泽征尔跪听《二泉映月》，国人当深思。

而我们捧读李煜的词，焚香沐浴不为过。

李煜不仅是优美的，优雅的，他的文字同样是圣物。

哀，愁，恨，这些人类的"基础情绪"，李煜为它们逐一赋形，为汉语表达树立了永久性的典范。为什么今天有这么多人喜欢他？答案是明摆着的。

他让软实力显现硬道理。他让真善美有质感，能触摸。

李煜不是昏君暴君，更不是荒淫之君。古人说他"误作人主"，这个评价恰如其分。坐龙椅他实在勉强，从小就不喜欢。弥漫在龙椅四周的血腥气，和他的温柔性格、艺术修养实在是格格不入。他的生存向度一目了然。他有做人的原则，作人主便艰难。而人与人主之间的那道鸿沟，倒不失为历史学者们的重要课题。

南唐开国之君李昪给了李煜向善的记忆。母亲钟氏带他拜佛祖。他在女人中间长大，眉清目秀，与江南山水相映生辉。爱情又来得那么激烈而细腻。李煜是配说爱的，比之今人犹有过之，因为他是皇帝，享有三宫六院的特权。大环境如此，他还专情。为什么？

针对李煜一生，可以问很多个为什么。

如果我们瞄准人性和个体特征，那么，有一些历史及文学观念就要被打上问号。人性的空间必须拓展。

拓展人性的空间还意味着：缩小兽性的地盘，剥下兽性的形形色色的伪装。

李清照说："五代干戈，四海瓜分豆剖，斯文道熄。独江南李氏君臣尚文雅。"

这位饱受战乱之苦的中国第一女诗人，看问题很清晰：一边是干戈，另一边是文雅。干戈穿膛破腹，文雅却是朝着温馨的日常生活。

我读古代史，有个印象十分深刻：改朝换代之初，一般来说是军事斗志昂扬。而随着立国日久，生活会回归常态。比如盛唐北宋称治世，各有百余年，呈现了相当繁荣的生活景观。人们忙着过日子，忙着幸福生活花样翻新，而不是忙着摩拳擦掌要跟谁打仗。盛唐经不起安禄山史思明之乱，北宋敌不过立国仅十年的金国，皆由于百年和平不识干戈。

生活有它自身的逻辑，文化则有文化的力量。战争旨在掠夺和摧毁，而文化积聚生活的意蕴。野蛮能打败文明，但绝不意味着：野蛮在价值的层面上占据优势。历史学者，显然不能把胜者为王败者寇作为他们的宏大叙事的潜台词。

我去年偶然看一部写李煜的电视连续剧，剧中安排三角恋，把娥皇篡改为赵匡胤的初恋情人。这类"创作意图"本不值一提，但其倾向性值得注意，他们胡编乱造的本事惊人地消耗着我们的文化资源。

针对中国传统文化的虚无主义，要高度警惕。警惕把文化变成受资本越界掌控的低俗消遣，变成无聊的无限堆积。

而有趣的是，在堂堂正正的传统文化有望复苏的当下，警惕性的提高不会是白忙活。文化的敌手，毕竟不复是刀枪。

词这种文学形式，始于唐，盛于宋，亦称曲子词或长短句。它是宫廷之声与市井俚曲的混合物，杂以胡夷小调，经文人改造而成。词调的名称叫词牌，如《清平乐》《菩萨蛮》《忆秦娥》等，唐朝多达两百多种。小令如《十六字令》，长调如《声声慢》，一百多个字，像一首长诗。词是很有意思的东西，它融合了汉胡，打通了雅俗，涵盖了社会各阶层的审美趣味。唐宋之所谓开放，其间可见端倪。它诉诸日常情状，对应唐诗的雄浑意境。大诗人并不排斥它，李白、白居易皆有小词传世，和他们自己的诗歌伟业形成对照。尤其是李白，诗如奇峰突兀，词如清溪细流。到五代十国，西蜀孟昶、花蕊夫人等善词，各有佳作，西蜀形成所谓"花间派"，视晚唐温庭筠、韦庄为宗师。南唐则先有李璟、冯延巳，后有李煜。

温、韦、冯均有相当造诣，李煜承先启后，卓然而为一代大家。他对宋词的影响难以估量。

或以为李煜写南唐小朝廷乃是个人呻吟，此言谬矣。无穷无尽的追忆，使他笔下的各类情态摆脱了时空界限，传向任何一个有生活意蕴的地方，流布千万年。他怀念南唐，与陆游怀念北宋很相似，点点滴滴掏心掏肺，一腔心事和泪说。

艺术就是深入，而深度决定广度。

现当代文学，面面俱到的、温吞水似的、故作新潮的作品我们见得够多了。文学不大吸引人，文人显然负有责任。

李煜生在帝王家，写富贵生活是他的权利，历史上几百个帝王，没人比他写得更好，差一大截呢。

不过，他写得好也授人以柄，仿佛他的宫廷奢华胜过很多皇帝。这一层，使他长期受人诟病。他输掉战争，写宫廷生活的文字表现力又太强，于是惹发种种非议。

而事实上，李煜的前期词，数量并不多，现在能见到的只有十来首。由此可见，他的主要精力，还是用于朝政。金陵二十多年的写作，单论数量，也不及汴梁两年。

李煜写过《嵇康》，惜乎今已不存。他为何要写嵇康呢？

李煜的性格、命运，乃至相貌举止，令人联想嵇康。

李煜的文学才华奇高，居帝位而作品清新自然，很民间，显现了杰出艺术家的超越能力：因深入人性而抵达市井。这里没有什么弯来拐去的学术奥妙，一切都在阳光下。学者不妨来探讨：为何皇帝写下的东西不像皇帝？杰出的艺术品是如何抹去了皇帝的身份与面孔？

谭献说："后主之词，足当太白诗篇，高奇无匹。"

李煜后期词中的愁与恨，隐隐透出男儿刚强，没有一丝怨天尤人的腔调。娥皇女英的刚烈，想必渗入了他的肌体。他在词语中昂首活着，如同写《离骚》的屈原。

王国维的传世经典《人间词话》，历数唐宋词人，涉及李煜最多，他的评价也最具代表性："词至李后主而眼界始大，感慨遂深遂""变伶工之词而为士大夫之词。""词人者，不失其赤子之心也，故生于深宫之中，长于妇人之手，是后主为人君所短处，亦即为词人所长处……""后主之词，真所谓以血书者也。"

以血书者，几乎涵盖了中国古代的顶级作家。李煜尤为典型。有当代学者拿他比屈原，拿他的词比屈原诗，很有道理。

这本传记小说，尝试着对古代人物作一些心理分析，感觉分析，情绪分析。三个不同的维度上所展开的东西，归结到意识、意向。倪梁康先生在《意识的向度》一书中讲："意识是了解人性的基础，因为人类的一切心智活动都以意识的存在为前提；而且由于意识活动构造出了世界万物、天地人神，因此意识也是理解与人相关的各类事物的一个角度。"

尝试的效果如何，敬请读者们评判吧。

2009 年 3 月 11 日

三稿于眉山之忘言斋